España

악동 라사로의 모험

*La vida
de Lazarillo
de Tormes*

한국외국어대학교 | 박 철 편역

Samyoung Publishing House

목 차

*서 문

요행히도 저에게는 지금까지 아무도 들어보지 못한, 그 누구도 보지 못한 아주 뜻 깊은 이야기가 있기에, 이것을 많은 사람들에게 널리 알리고 망각속에 묻어두지 않고자 합니다. 이는 이글이 정독하는 자에게는 큰 낙이 될 것이요, 깊이 심취하지 않고 그저 훑어보는 자에게도 여흥 정도는 될 것이라고 생각하기 때문입니다. 이러한 취지에 대하여 쁠리니오는 "제 아무리 형편없더라도 좋은 점이 하나도 없는 책은 없다."라고 말한 바 있습니다. 대체로 사람들의 취향이 똑같은 건 아니어서, 어떤 사람은 먹지도 않는 것을 또 다른 사람은 아주 좋아하며 먹는 경우가 있습니다. 이처럼 어떤 사람들에게는 관심 있는 일들이 다른 사람들에게는 전혀 무관심할 수도 있다는 것입니다. 따라서 정말 가증스러울 정도의 것이 아니라면, 없애버릴 필요도, 나쁜 것으로 간주해 버릴 필요도 없을 것입니다. 그보다는 널리 알려 많은 사람들이 피해를 입지 않으면서, 그 속에서 좋은 결실을 얻는 것이 바람직할 것입니다.

그렇지 않다면 그 누구도 자기 혼자 읽겠다고 글을 쓰지는 않을 것입니다. 왜냐하면 글을 쓴다는 것이 힘든 일이기도 하거니와, 일단 한번 쓰고 나면 돈으로서가 아니라 자신의 작품을 보이고 읽히는 것으로서 보상받고 싶어합니다. 그리고 만약 칭찬할 만한 가치가 있다면 작품을 칭찬하십시오. 이런 점에 대해 뚤리오는 "명예가 예술을 키운다."라고 말한 바 있습니다.

가장 앞장서서 성벽을 기어오르는 병사가 삶이 권태로와서 선두에 섰다고 생각하는 사람이 있을지 모르겠습니다. 그러나 천만의 말씀이지요. 오히려 그 병사는 찬양받고자 하는 욕망으로 위험에 뛰어든 것일 겁니다. 예술이나 문학에서도 마찬가지입니다. 성직 후보자는 설교도 잘 하고 무엇보다 많은 영혼이 구원받기를 바라는 사람입니다. 그러나 그에게 다음과 같이 말했을 때 과연 마음이 아픈지 물어보십시오.

"신부님, 참으로 훌륭하셨습니다!"

어떤 사람이 일대일의 창 싸움에서 아주 형편없이 싸웠다고 합니다. 그러나 상대 건달이 창을 쓰는 솜씨가 참 좋다며 칭찬했다고 자신의 갑옷을 내주어버렸습니다. 이것이 사실이라면 어떻겠습니까? 세상 만사가 다 이런 식입니다.

고백하건대 본인은 이웃 사람들보다 심성이 더 착할 것도 없는 사람입니다. 따라서 이렇게 조악한 방법으로나마 글을 쓰는 것이니, 여기서 재미있는 부분이 있으면 즐기고, 이렇게 많은 행운과 위험과 역경을 겪으며 살아온 사람도 있다는 것을 알아주길 바랍니다.

귀하의 권위가 뒷받침되고, 바람이 있으시다면 귀하를 더욱 빛나게 해드릴 미천한 봉사를 받아주시기 바랍니다. 이미 귀하께서 모든 사건에 대해 상세히 알려달라고 서신으로 요청하신 바 있기에 저는 저에 대한 모든 소식을 아실 수 있도록 저와 관련된 사건의 중간부터가 아니라 처음부터 이야기를 시작하고자 합니다.

물론, 귀족의 신분을 물려받은 사람에게는 제 이야기가 보잘 것 없을 수도 있을 것입니다. 그들은 행운은 오직 자신들에게만 있다고 생각하니까요. 그러나 그와는 처지가 다름에도 불구하고 갖은 노력과 술책으로 노를 저어서 찬란한 항구를 향해 가는 사람들에게는 매우 큰 도움이 될 것입니다.

Tratado Primero

*[*] 라사로의 생애와 부모에 대하여

우선 귀하께서는 제 이름이 라사로 데 또르메스이며, 제가 살라망까주 떼하레스 태생의 또메 곤살레스와 안또니아 뻬레스의 아들임을 아시기 바랍니다. 저는 또르메스 강가에서 태어났기에 그런 별명을 갖게 된 것입니다. 주님께서 용서하시길 바라는 우리 아버지는 그 강가에 있는 어느 물레방앗간에서 15년 넘게 방아 찧는 일을 맡아 하였습니다. 저의 어머니는 어느날 밤 물레방앗간에서 저를 임신하게 되었고 그곳에서 저를 낳으셨으므로 사실상 저는 강에서 태어났다고 말할 수 있습니다. 제가 겨우 8살 때 아버지는 그곳에서 방아를 찧기 위해 온 손님들의 가마니에 칼집을 내서 곡식을 도둑질했다는 죄목으로 잡혔는데, 범죄 사실을 부정하지 않고 고백하는 바람에 재판에서 처벌을 받았습니다. 하늘에 계신 하나님께 아버지를 축복해주십사고 기원했습니다. 왜냐하면 복음서에서도 '부정하지 않고 고백한' 사람을 '복 받은 자(者)' 라 불렀기 때문입니다. 그당시 모로족들과의 전쟁이 있었는데, 아버지는 앞서의 그 죄 때문에 전투에 참가한 어느 기사의 마부로 전장에 끌려갔습니다. 그리고 전쟁에서 아버지는 충실한 하인으로 그 기사와 함께 생을 마쳤습니다.

남편도, 집도 없이 과부가 된 어머니는 선량한 자들에 붙어 그 중 하나가 되기로 결심하였고, 도시로 와서 작은 집에 세 들어 살면서 학생들에게 밥을 해주기도 하였고, 막달레나 기사단장을 위하여 일하는 마부들의 옷을 빨아주다보니 마구간도 자주 드나들게 되었습니다. 말을 돌보는 사람들 중 하나인 어느 흑인 남자와 어머니가 서로 알게 되었습니다.

그는 가끔 우리 집에 와서는 다음 날 아침에 가곤 했습니다. 또 어떤 때는 계란을 사러 왔다는 핑계로 대낮에도 집에 들르곤 했습니다. 저는 처음 그가 집에 드나들 때는 그의 추한 얼굴과 피부색 때문에 그를 경계하고 무서워했었습니다. 그러나 그가 오는 것과 더불어 먹는 형편이 나아진다는 것을 알게 되었고, 그는 항상 빵과 고기 덩어리, 그리고 겨울에는 몸을 덥힐 땔나무를 가져왔기에 차츰 그가 좋아졌습니다. 그런 식으로 그가 우리집에 묵는 일이 계속되면서 어머니는 까맣고 예쁜 동생을 낳아 나는 그와 놀아주며 몸을 따뜻하게 해주었습니다. 한번은 계부가 동생을 데리고 놀아주고 있었는데, 어린동생은 어머니와 나는 살결이 희고 아버지는 검다는 것을 알고는, 겁을 내며 도망치며 어머니에게 다가와서

"엄마, 도깨비 좀 봐!"

라고 말했던 일이 기억납니다. 그러자 계부는 웃으며,

"빌어먹을 놈."

이라고 대꾸했었지요.

비록 내가 어리긴 했지만 내 동생의 말을 듣고 혼자 중얼거렸습니다.

　　"자신의 모습은 보지 못하고 다른 사람들만 나무라는 자들이
이 세상에 얼마나 많은가?"

　　사이데(그 계부의 이름이었다)의 얘기가 집사의 귀에 들어가 조사를
해 본 바, 말에게 줄 보리의 절반이 없어지고 밀기울, 나무(땔감), 말빗,
안장받침, 모포, 말 덮개를 도둑맞았으며, 다른 물건이 없을 때는 편자
까지 벗겨갔고, 나의 어머니는 이런 물건 덕분에 어린 동생을 키울 수 있
었음이 밝혀졌습니다.

　　성직자나 수도승을 보고 경탄할 필요는 없습니다. 왜냐하면 성직자는
가난한 자들의 주머니를 터는 사람들이고, 수도승은 다른 많은 사람들
을 돕는다는 미명하에 신앙심 돈독한 자들의 주머니를 터는 사람들인 데

비해, 가엾은 노예는 사랑이란 이름으로 남의 것을 훔치기 때문입니다. 위에 내가 말한 것들의 증거는 물론, 그외에도 더 많은 것들이 입증되었습니다. 왜냐하면 사람들은 내게 협박조로 물었고, 어린아이인 나는 대답은 물론이고 겁에 질려서 내가 아는 모든 것을 다 밝히고 말았습니다. 결국 엄마의 심부름으로 대장장이에게 갖다 판 굽쇠까지 말입니다. 불쌍한 계부는 매를 맞고 펄펄 끓는 기름을 몸에 붓는 고문을 당했고, 어머니는 관습에 따라 벌로써 백 대의 태형이 내려졌고, 게다가 기사단장의 집에 출입할 수도 없으며, 가련한 사이데를 더 이상 반가이 만날 수도 없게 되었습니다.

이렇게 모든 일이 들통이 나버려서 불쌍한 어머니는 굳게 결심을 하고 형벌을 받았습니다. 그리고 나서 위험을 피하고, 남의 입에 오르지 않기 위해 당시 솔라나 여관에 묵고 있던 사람들을 위해 일하게 되었습니다. 그곳에서 수많은 역경을 이겨가며 동생이 걸음마를 배우고 저는 어느덧 어엿한 청년으로 성장하여 손님들에게 포도주나 초를 갖다드리고, 그외에 다른 심부름을 할 수 있는 나이로 자랐습니다. 그 무렵 여관에 한 장님이 묵었는데, 그는 내가 그의 길 안내자가 될 수 있다고 생각하여 어머니에게 나를 달라고 하였습니다. 그리고 어머니는 믿음이 깊어 헬베스 전투에서 죽은 선한 사람의 아들이라 아버지보다 못하진 않을 거라며 나를 장님에게 맡기고 고아니까 잘 돌봐 달라고 부탁하였습니다. 그는 그러겠다고 대답하며 나를 심부름꾼으로서가 아니라 아들로 받아들이겠다고 하였습니다. 이렇게 해서 나는 늙은 장님의 길잡이가 되었습니다.

우리는 살라망까에서 며칠 묵었는데 벌이가 별로 좋지 않아 그곳을 떠나기로 했습니다. 그리고 떠나기 전에 어머니에게 인사하러 가서 함께 부둥켜 안고 울다가 어머니는 제게 축복을 하며 이렇게 말했습니다.

"애야, 이제 다시는 널 보지 못하리라는 걸 안다. 착한 사람이 되
도록 노력해라. 그러면 주님이 널 이끌어 주실 게다. 너를 이만큼
키워 좋은 주인에게 딸려 보내니 이제는 혼자 힘으로 살아보아라."

그리고 저는 기다리고 있던 장님에게 갔습니다. 살라망까를 벗어날 무
렵, 마을 입구에 황소 모형의 큰 석상이 있는 다리에 도착하자, 그는 제
게 석상에 가까이 다가 가라고 했습니다.

"라사로! 네 귀를 이 황소에 대어보거라. 아마 그 속에서 큰 소리
가 들릴 것이다."

라고 했습니다.

당연히 그럴 거라 생각한 저는 석상 쪽으로 가까이 가서 머리를 돌 가
까이 댔는데, 그놈의 장님이 손에 힘을 주어 내 머리를 돌에 힘껏 부딪치
는 바람에 사흘간이나 머리가 아팠습니다. 그리고 장님은 이렇게 말했습
니다.

"이 아둔한 놈아! 장님의 종자 노릇을 하려면 악마보다도 한 치
앞을 더 먼저 내다봐야 하는 법이다!"

그렇게 놀리며 장님은 웃어댔습니다.

그 순간 저는 잠자던 어린아이의 단순함에서 깨어난 듯 했습니다. 저
는 혼자 중얼댔지요.

"이 자의 말이 맞아. 나는 혼자니까 눈을 똑바로 뜨고 정신을

바짝 차려 혼자 살 길을 생각해야 해."

우리는 계속하여 길을 갔는데 며칠 지나지 않아 그가 나에게 은밀하게 사용하는 속어나 은어를 가르쳐 주었습니다. 그리고 그는 내가 머리가 좋다는 것을 알자 즐거워하며 말했습니다.

"너에게 금이나 은을 줄 수는 없다. 그러나 네게 세상을 잘 살
아갈 수 있는 방법을 가르쳐 주마."

그리고 그렇게 되었습니다. 하나님 다음으로 내게 생명을 주었고 장님이면서도 내 눈을 뜨게 해주었으며, 내게 살아가는 길을 인도해 주었던 것입니다. 사람들이 낮은 지위에서 높이 오르기 위해서 얼마나 많은 미덕을 지녀야 하며, 또한 얼마나 많은 결점을 가졌기에 높은 지위에서 낮은 신분으로 떨어지게 되는지를 보여주기 위해 저는 귀하에게 이런 유치한 일들을 즐겁게 이야기하는 것입니다.

그럼 다시 나의 선량한 장님의 얘기로 돌아가자면, 하나님이 세상을 창조하신 이래 그만큼 교활하고 날렵한 사람이 없다는 것을 귀하께서 알아주시기 바랍니다. 그는 일에 대해서는 한 마리 독수리 같은 사람이었습니다. 기도문 만도 백여 개를 외우고 있어서 낮게 가라앉고 호소력 있는 목소리로 교회당을 울리게 하였습니다. 겸손하고 신앙심 깊은 얼굴로 기도할 때는 아주 조심스러운 태도로 다른 사람들처럼 눈을 다른 데로 돌리거나 입을 씰룩거리지도 않았습니다. 이외에도 돈을 뜯어내는 천 가지 방법을 알고 있었고, 다양한 종류의 기도문을 외우고 있었습니다. 아이를 못 갖는 여자들을 위한 기도, 아이를 낳을 여자들을 위해, 또 결혼을 잘 못한 여자들을 위한 다양한 기도문을 외우고 있었습니다. 그 뿐만

아니라 태어날 아이가 남자인지 여자인지도 진단해 주었습니다. 치통, 졸도, 부인병에 쓰는 약에 대해서는 갈레노도 그의 절반밖에 알지 못했다고 말하곤 하였습니다.

어쨌든 그가 "이렇게 하시오. 저렇게 하시오. 이 약초, 이 뿌리를 드시오."라고 한 후에 어디가 아프다고 말하는 사람은 아무도 없었습니다.

그는 이런 일을 하며 온 세상을 돌아다녔고, 특히 그의 말이면 전부 믿는 여자들이 그의 뒤를 쫓아다녔습니다. 제가 말씀드린 이런 방법으로 그는 엄청난 수입을 올려 한 달 동안에 백 명의 장님이 일년간 버는 것보다 더 많은 돈을 벌곤 했습니다.

그러나 또한 많이 벌고 갖고 있으면서도 제 생전 그렇게 탐욕스럽고 야비한 사람은 본 적이 없다는 것을 귀하께서 아셨으면 합니다. 저는 항상 굶주려 있었고 필요한 양의 절반도 먹지 못했습니다.

정말입니다. 저의 재치와 재주로 해결하지 않았다면 여러 번 굶어 죽었을 것입니다. 장님의 지혜와 노련함에도 불구하고, 저는 은밀히 그에게 손해를 끼쳤으며 점점 제 사정은 좋아졌습니다. 그러기 위해 그에게 써먹었던 속임수, 물론 저의 안전을 위해 다는 말씀드리지 않겠으나, 몇 가지만 밝히기로 하겠습니다.

그는 빵과 다른 음식을 삼베자루에 넣어 쇠고리와 자물쇠로 잠가 놓았는데 무언가를 넣고 꺼낼 때는 감시가 너무도 심하고 숫자도 정확히 헤아려 놓아서 어느 누구도 부스러기 하나 훔칠 수 없었습니다. 또한 그가 제게 주는 음식의 양이 너무 적어서 두 입이면 없어지곤 했습니다.

자물쇠를 채우고 제가 다른 일을 보고 있을 거라고 생각하며 방심한 사이, 저는 그 탐욕스러운 자루 옆 실밥을 틀어 커다란 빵 조각과 소시지, 돼지고기를 꺼낸 후 다시 꿰매 놓았습니다. 그렇게 저는 틈나는 대로 공놀이를 하는 대신 그 사악한 장님이 저로 하여금 저지르게 만든 그 악마에 씌운 짓을 하였습니다. 저는 훔쳐낸 돈을 모조리 반닢짜리 동전으로 바꾸어 놓았다가 누군가 장님에게 기도를 부탁한 대가로 한닢짜리 동전을 주면, 그는 눈이 멀었기 때문에 아무도 내색을 하며 주지 않아, 저는 얼른 한닢짜리 동전을 입에 넣고 미리 준비해 두었던 반닢짜리로 바꿔쳤습니다. 그는 재빨리 손을 뻗어서 반으로 줄어든 교활한 동전을 차지하였습니다. 손을 더듬어 온전한 동전 한닢이 아님을 알고서 사악한 장님은 이렇게 투덜거렸습니다.

　　"무슨 일인지 모르겠군. 네가 나와 같이 있은 후론 반닢짜리 동
　　전만 들어오니 말야. 전에는 한닢짜리 동전과 마라베디도 많이
　　주곤 했는데, 다 너 때문일 게야."

　또 그는 기도문을 대충 줄여서 외우거나 반쯤 외우다가 그만두는 경우도 있었는데, 기도를 부탁한 사람이 자리를 떠버리면 망토의 모자 끝을 잡아당기라고 제게 지시해 놓았기 때문이었습니다. 저는 그렇게 했지요. 그러면 곧 장님은 언제나처럼,

　　"기도를 대신 해드립니다. 주문만 하세요."

라고 다시 큰 소리로 외쳤습니다.

　식사를 할 때면 자기 바로 옆에 포도주 단지를 놓아 두곤 했는데, 저는 재빨리 단지를 쥐고 소리 나지 않게 몇 모금 마신 후, 조용히 제자리에

다시 가져다 놓곤 했습니다. 그러나 그것도 얼마 못 가 포도주가 없어지는 것을 알게 된 그는 포도주 단지를 안전히 두려고 다시는 포도주 단지를 내려 놓지 않았습니다. 그러나 그 포도주를 빨아들일 자석은 없었으나 그런 일에 사용하기 위해 준비한 밀짚 빨대로 저는 포도주 단지 속의 포도주를 한 방울도 남기지 않고 빨아먹었습니다. 그러나 꾀 많은 그 배신자는 이내 낌새를 알아차리고 그때부터 포도주 단지를 다리 사이에 놓고 손으로 단지 입구를 막아 안전하게 혼자 마시는 것이었습니다. 저는 이미 포도주 맛에 길들여져 너무도 마시고 싶었는데 더 이상 밀짚 빨대가 아무 소용이 없게 되자 그 단지 밑에 작은 구멍을 내어 초땜을 해두자는 생각이 들었지요. 그리고 먹을 때가 되면 추운 척하며 그의 다리 사이에 들어가 우리가 갖고 있던 약한 불로 몸을 녹였고 그 불에 초가 녹자 구멍이 너무 작아 포도주가 제 입안으로 스며들어 왔고 그렇게 해서 마지막 한 방울까지 비워버렸습니다. 불쌍한 장님이 포도주를 마시려고 했을 때에는 이미 아무 것도 없었습니다. 그는 무슨 일인지 몰라 놀라며 욕을 퍼부었습니다.

"아저씨, 저는 아니에요. 아저씨의 손에서 병을 내려놓지도 않았잖아요."

저는 변명했습니다. 그는 병을 이리저리 돌려 만져보며 구멍을 찾아냈으나 모르는 척 했습니다. 다음 날, 저는 포도주를 마시려고 그 사악한 장님이 제게 복수하려 하는 불행한 일에 대해서는 상상조차 하지 못하고 늘 하던 대로 장님의 다리 사이에 앉았습니다. 저는 포도주 맛을 음미하기 위해 하늘을 향해 얼굴을 쳐들고 눈을 반쯤 감은 상태로 포도주를 마시고 있었는데 장님은 이때가 복수할 기회라고 느꼈는지 양손으로 그 달콤하고도 쌉쌀한 포도주병을 들어올렸다가 제 입 위로 힘껏 떨구었습니다. 전혀 예상치도 못한 채, 언제나처럼 즐기며 방심하고 있던 가여운 저 라사로에게는 참으로 하늘과 하늘에 있는 그 모든 것이 떨어져 내린 것 같았습니다. 얼마나 심하게 맞았는지 저는 깜짝 놀라 정신을 잃었고, 병을 하도 세차게 떨군 바람에 그 조각이 제 얼굴에 박혀 많은 상처를 내었고 이도 부러져서 지금까지도 치아 없이 살게 된 것입니다.

비록 나를 생각해주고, 먹여주고, 치료도 해주었지만 장님은 제게 내린 잔인한 벌을 즐기고 있었고, 저는 그날 이후로 그 사악한 장님을 미워했습니다. 병 조각으로 난 얼굴의 상처를 포도주로 닦아주며 그가 웃으며 말했습니다.

"어떠냐, 라사로. 네게 상처를 준 포도주가 너의 상처를 낫게 하고 건강도 줄 것이다."

그리고 제 마음에는 들지 않았던 다른 호의도 보였습니다.

저의 검은 피멍이 좀 나아갈 무렵 저는 그 장님이 이런 매를 몇 번만 더 주면 죽을지도 모른다는 생각이 들어 그를 떠나기로 결심했습니다. 그러나 안전하고 유익하게 하기 위해 서두르지는 않았지요. 저는 마음을 잡고 그가 저를 포도주병으로 내리친 것을 용서하려 했으나 그 이후로 그가 이유도 없이 저를 때리고 머리를 잡아당기곤 했기 때문에 그럴 수 없었습니다. 왜 저를 그렇게 박대하냐고 사람들이 물으면 장님은 포도주병 이야기를 해주며 말했습니다.

"이 놈이 순진한 줄 알아요? 그럼 이 마귀가 도대체 무슨 짓을 했는지 한번 들어보슈."

사람들은 성호를 그으며 말했습니다.

"저렇게 작은 어린아이가 그런 짓을 하다니!"

사람들은 그 일에 대해 웃으면서 그에게 말했습니다.

"벌을 주세요. 벌을 줘요. 하나님께서 당신에게 보상할 거요."

그는 그 말을 듣고도 제게 다른 짓은 하지 않았습니다. 그 일을 계기로 저는 장님을 일부러 가장 나쁜 길로 인도했습니다. 돌이 있으면 그곳으로 갔고, 진흙이 있으면 제일 깊은 곳으로 그를 이끌었습니다. 눈이 하나도 없는 사람을 다치게 하기 위해 저 스스로가 다치는 것에 즐거움을 느꼈습니다. 그리고 그는 지팡이 끝으로 제 뒤통수를 내리쳤고 그래서 저는 항상 머리에 혹이 나고 머리카락은 뽑혀 있었습니다. 제가 일부러 그러는 것이 아니라 더 좋은 길이 없어 그렇다고 말을 해도 그 놈의 재치와 교활함 때문에 저를 믿지 않았습니다.

그리고 그 교활한 장님 영감의 재치가 얼마나 대단한지를 보여주기 위해 제게 있었던 일 중 하나를 말씀드리겠습니다. 이야기를 듣고 나면 그의 교활함을 당신께서도 잘 이해하실 수 있을 것으로 생각합니다. 우리는 살라망까를 떠나 똘레도로 가고 있었습니다. 그곳은 비록 사람들이 시주를 자주 하지는 않아도 부자들이 많다고들 했기 때문이었습니다. 이런 격언도 있으니까요.

"헐벗은 자보다는 그래도 인색한 자가 한 푼이라도 더 준다."

우리는 가장 좋은 길로 왔습니다. 좋은 숙소와 벌이가 있으면 그곳에

묵었고 그렇지 않은 곳에서는 사흘만 머물다가 장소를 바꾸었습니다.

알모록스라 불리는 곳에 도착했을 무렵은 포도 수확철이었는데 포도 따는 일꾼이 포도 한 송이를 시주로 주었습니다. 시주 바구니를 험하게 다룬 데다가 포도가 너무 잘 익은 때라 자루에 넣기도 전에 손에서조차 뭉크러졌습니다. 포도를 갖고 갈 수도 없고 해서 그날 많이 얻어 맞은 제 기분도 풀어줄 겸, 장님은 잔치를 열기로 했습니다. 담장 위에 걸터 앉아 그는 이렇게 말했습니다.

"이제 네게 아량을 베풀어 우리 둘이 이 포도를 똑같이 나누어 먹기로 하자. 이렇게 나누지! 너도 한 알, 나도 한 알. 단, 한번에 한 알만 먹는다고 약속해라. 나도 다 먹을 때까지 그렇게 하면 속임수는 없을 게다."

그렇게 약속을 하고 포도를 먹기 시작했습니다. 그러나 곧 두 번째 알부터 그 배신자 장님은 약속을 깨고 저 역시 그러리라 생각했는지 두 알씩 가져갔습니다. 그가 약속을 깨자, 저는 똑같이 하는 것도 성이 안 차 더 앞서 갔습니다. 두 알씩, 세 알씩, 먹을 수 있는 만큼 몽땅 가져갔습니다. 다 먹은 뒤 포도 줄기를 한동안 들고 있더니 그는 머리를 가로 저으며 이렇게 말했습니다.

"라사로, 나를 속였구나! 하늘에 맹세코 너는 세 알씩 먹었어."

"그렇게 많이 먹지 않았어요. 도대체 왜 그렇게 생각하는 거죠?"

라고 말했습니다.

약삭빠른 장님은 이렇게 대답했습니다.

"어떻게 네가 세 개씩 먹은 걸 내가 아는지 아느냐? 내가 두 알씩 먹을 때 네 녀석은 아무 말도 하지 않았기 때문이다."

저는 그의 지적에 아무런 대답도 하지 않았습니다. 그렇게 길을 가다가 에스칼로나 마을의 어느 추녀 밑을 지나게 되었습니다. 마침 그 마을에서 우리는 한 구둣방에서 머물게 되었는데, 그 곳에는 스파르트로 꼰 굵은 밧줄을 비롯해서 스파르트로 만든 온갖 것들이 놓여 있었습니다. 그걸 알아차린 우리 주인의 머리에 한 가지 생각이 떠올랐겠지요. 장님은 손을 내밀어 그것들을 만져본 후 제게 이렇게 말했습니다.

"애야, 얼른 가자. 먹을 게 이렇게 형편없으니 여기서 떠나야겠
다. 까딱하다가는 굶어죽겠구나."

저는 그가 도대체 뭘 가지고 그렇게 말하는지 자세히 들여다보았습니
다. 하지만 그가 만져본 것은 먹을 것이 아니라 밧줄과 말에 두르는 배대
끈이었습니다. 저는 장님에게 물었습니다.

"아저씨, 왜 그런 말씀을 하세요?"

장님은 저에게 대답했습니다.

"잔말 말거라, 라사로. 잘 생각해보면 내 말이 하나도 틀리지
않다는 걸 알게 될 게다."

우리는 거리를 계속 걸어 어느 집 문 앞에 당도했습니다. 그 집 대문
옆으로 난 담장 위에는 동물의 뿔들이 즐비하게 널려있었습니다. 그 뿔
하나하나에 그 뿔을 달고 있던 짐승들의 기억이 서려 있는 듯 했습니다.
장님은 그 집이 자신이 매일 안주인을 위해 은신의 기도를 드렸던 곳임
을 확인하고는 뿔 하나를 집어들고 깊은 한 숨을 내쉬며 말했습니다.

"오! 슬프도다! 이 세상 그 무엇보다도 슬프지고! 모든 이들의
머리 속에 그대의 이름을 각인시키기를 그토록 학수고대했음에
도 불구하고, 그 누구도, 그 어느 곳에서도 그대의 이름을 들어보
지조차 못했으니!"

그가 이렇게 한탄하는 것을 보고 제가 말했습니다.

"아저씨, 도대체 무슨 말씀을 하시는 거예요?"

"잠자코 좀 있어라. 이렇게라도 하면 언젠가 너에게 보잘 것 없는 음식이라도 쥐어주게 될 게다."

제가 대답했습니다.

"전 안 먹을래요. 아저씨가 제게 주지도 않겠지만요."

그렇게 우리는 그 집 문 앞을 지나다녔습니다. 문 앞에서 장님은 날마다 기도를 드렸지요. 물론, 그 기도가 하나님께서 기뻐 받으실 기도는 되지 못했겠지만 말입니다.

장님은 그 댁 안주인만을 위해 기도하는 게 아니었습니다. 그 집 주방 아주머니들을 위해서도 기도하고, 과자를 만드는 아낙들을 위해서도 기도하고, 천한 계집종들을 위해서도 기도하는 등, 그야말로 자기를 위해 기도해주는 모습이라고는 생전 본 일조차 없는 비천한 여인들 하나 하나를 들먹거리며 기도하는 것이었습니다.

저는 속으로 웃었고 어리긴 했지만 장님의 신중한 사고를 깊이 관찰했습니다. 그러나 지루하게 늘어놓지 않기 위해 많은 얘기를 생략하고, 마지막으로 저의 첫 주인과 있었던 재미난 일 한 가지만 말씀드리고 끝내기로 하겠습니다.

에스칼로나 공작의 별장인 에스칼로나 마을의 어느 여관에서 장님에게 구워주라고 소시지를 하나 주었습니다. 소시지에서 기름이 나와 범벅이 되자 장님은 저에게 1마라베디(스페인의 옛 화폐)를 주며 주막에 가서 포도주를 사오라 했습니다. 견물생심이라고 내 눈앞에 있는 물건을 보자 욕심이 생겼는데, 마침 옆에 먹을 것은 아니고 그냥 누가 내다버린 듯한 작고 길쭉하고 못생긴 무 하나가 있었습니다.

우리 곁엔 우리 둘 외에 아무도 없었습니다. 단지 구경밖에 할 수 없는 그 소시지 냄새를 잔뜩 맡은 터라, 입맛이 당기고, 식욕이 돋아 그만 어떤 일이 일어날지 생각지도 않고 단순히 제 욕망을 채우기 위해 두려움을 뒤로 한 채 장님이 돈을 꺼내는 사이 재빨리 소시지를 꺼내고 꽂이에 무를 끼워놓았지요. 저의 주인은 제게 돈을 줄 때 자기의 부주의로 잃게 된 소시지를 굽기 위해 불 위에서 돌리고 있었습니다.

저는 포도주를 사러 가며 순식간에 소시지를 다 먹어치웠고, 돌아왔을 때는 아직 손으로 만져 보지 않아 알아차리지 못한 장님이 길쭉한 빵 인으로 무를 끼워놓고 들고 있었습니다. 소시지 조각이 들어 있을 것으로 생각하며 빵을 한 입 물었는데 차가운 무가 있자, 장님은 놀라 당황하며 물었습니다.

"라사로, 이게 뭐냐?"

"억울해요."

제가 말했습니다.

"나한테 뒤집어씌우려고요? 저는 포도주를 사러 갔었잖아요? 누군가 와서 놀려주려고 그랬을 거예요."

"아니야."

그가 말했습니다.

"산적꽂이를 한 순간도 놓은 적이 없어. 그럴 리 없어."

저는 그 같은 바꿔치기와는 무관하다고 맹세하고 또 거듭 맹세했으나 별 소용이 없었고 그 영악한 장님한테는 아무 것도 속일 수 없었습니다. 그는 벌떡 일어나 제 머리통을 잡아 끌더니 냄새를 맡았습니다. 사냥개처럼 냄새를 맡은 그는 사실을 밝히고자 화가 치밀어 거칠게 제 입을 잔뜩 벌리더니 코를 들이 밀었습니다. 그 자의 길고 뾰족한 코가, 더구나 잔뜩 화가 나서 한 뼘은 더 길어진 듯한 꼬끝이 제 목젖에까지 닿았습니다. 게다가 두려움에 사로잡히고, 너무 갑작스런 일을 당한 터라 그 검은 소시지는 미처 위로 내려가지도 못한 상태였습니다. 결국 그 긴 코가 목에 닿아 거의 질식이라도 하게 되었을 무렵 그 모든 것이 다 밖으로 쏟아져 그 내용물이 제 주인에게 돌아가게 되었습니다. 사악한 장님이 내 입에서 긴 코를 빼기 전에 내 배가 변화를 일으켜 훔친 것을 돌려주어 그의 코와 잘 씹지도 않은 검은 소시지를 한꺼번에 밖으로 내뱉었던 것입니다.

오, 하나님. 나는 이제 죽었구나……. 이제 누가 나를 땅 밑에 묻어줄 까! 사악한 장님은 얼마나 화가 나 있던지, 만일 때 맞춰 사람들이 주변 에 나타나지 않았더라면 저를 살려두지 않았을 것입니다.

사람들이 그의 손아귀에서 저를 빼냈을 때, 그의 손에는 몇 오라기 남 아있지도 않았던 제 머리카락이 가득했고, 제 얼굴과 목은 온통 손톱자 국이 나 있었습니다. 이 모두가 당연한 일이었지요. 저의 악함 때문에 받 는 고통이었으니까요.

사악한 그자는 그곳을 지나는 모든 사람들에게 제가 저지른 못된 짓을 얘기해 주고 포도주병 얘기와 포도 이야기, 그리고 지금의 얘기를 하고 또 했습니다. 사람들의 웃음소리가 너무도 커서 지나가는 사람들이 다 들 들어와 보았습니다. 그러나 장님이 얼마나 재치 있고 재미있게 제 무 훈을 얘기했는지 비록 저는 그토록 학대받고 울고 있었지만, 그 얘기에 웃지 않는 것은 옳지 않은 일 같아 보였습니다.

장님이 저에 대해 나쁘게 말했던 탓에, 이런 일이 일어나자 제가 저지 른 비겁함과 실수가 떠올랐는데, 그것은 그의 코를 없애버리지 않았다 는 것이었습니다. 시기도 적절하였고 절반은 다 된 일이었는데 말입니 다. 이만 악물고 있었어도 그것들은 제 뱃속에 있었을 테고, 장님이 제 아무리 사악하게 굴었더라도 소시지를 품고 있던 제 위가 더 잘 억제됐을 텐데. 물론 그렇다고 해서 장님의 요구를 거절할 수 있었을 거라는 생각은 들지 않지만요. 어쨌든 일을 그렇게 만드신 것에 대해 하나님께 감사를 드리니, 어쨌거나 결과는 마찬가지였을 것이기 때문입니다. 사람들은 여관 여주인과 그곳에 있던 사람들과 친하게 되면서 마시려고 가져온 포도주로 제 얼굴과 목을 닦아 주었습니다. 그에 대하여 그 악한 장님은 말을 많이도 하였습니다.

"사실 이 놈은 내가 2년간 마실 수 있는 포도주의 양보다 더 많은 포도주를 상처를 씻기 위해 1년 만에 쓸 겁니다. 라사로, 최소한 너는 부모보다 포도주에게 더 빚을 지고 있구나. 네 아버지는 네게 한 번 생명을 주었지만 포도주는 천 번도 더 주었으니 말이다."

그리고 몇 번이나 내 얼굴에 상처를 내서 포도주로 낫게 해주었는지를 이야기했습니다.

"이제 네게 말하지만,"

그가 말했습니다.

"세상에서 포도주 덕분에 복된 자가 있다면 바로 네 녀석일 게다."

저는 그런 말 듣는 게 싫었지만 저를 닦아주던 사람들은 웃었습니다. 장님의 예측은 틀리지 않았고, 저는 그 이후로 여러 번 예언자적 기질이 있는 것이 분명했던 장님을 회상하곤 했습니다. 또한 그날 그가 제게 한 말이 앞으로 귀하께서 듣게 될 것과 같이 모두 사실이었음을 생각할 때,

그때 복수를 잘하기는 했지만, 그 일을 후회하게도 됩니다.

　이렇게 장님이 제게 했던 나쁜 짓들 때문에 그를 떠나기로 결심했고, 줄곧 그 일을 생각해 오고 그럴 의도를 지녔기에, 그가 내게 행한 이 마지막 장난으로 저의 결심은 더욱 굳어졌습니다. 다음 날, 마을에 동냥을 하러 나갔는데, 전날 밤에 비가 많이 와 있었습니다. 그 날도 계속 비가 와서 비에 젖지 않도록 처마 밑에서 기도하며 걸어 다녔습니다. 그러나 비가 그치지 않고 날이 어두워지자 장님이 말했습니다.

　　"라사로, 비가 그치기는 커녕, 밤이 깊을수록 더 심해지는구나.
　　일찌감치 숙소로 돌아가자."

　숙소로 가기 위해서는 개천을 건너야 했는데 비가 많이 와서 물이 불어 있었습니다. 저는 그에게 말했습니다.

"아저씨, 개천물이 많이 불어났어요. 하지만 그래도 꼭 가시겠다면 물에 젖지 않고서 얼른 건널 수 있는지 볼게요. 저쪽에 좀 폭이 좁은 곳이 있는데 펄쩍 뛰면 물에 젖지 않고 건널 수 있을 테니까요."

그도 좋다고 생각하여 말했습니다.

"너는 신중하구나, 그래서 내가 널 좋아하지. 개천이 좁아지는 곳으로 나를 데려가 다오. 지금은 겨울이라 물이 차서 특히 발이 젖으면 더욱 안 좋지."

제가 바라던 대로 일이 돌아가자, 저는 처마 밑에서 그를 끌고 나와 광장에 있는 돌기둥과 일직선 쪽으로 데리고 갔습니다. 그 기둥 위로 집들의 돌출 부분이 나와 있었습니다. 저는 장님에게 말했습니다.

"아저씨, 여기가 개천의 제일 좁은 곳이에요."

비가 심하게 쏟아졌고 불쌍한 장님은 물에 흠뻑 젖게 되자 조금이라도 비를 빨리 피하려고 했으며, 무엇보다 중요한 것은 그때 하나님이 그의 사고력을 눈멀게 하여, - 나에게 그를 복수하도록 - 저를 믿도록 만드신 것이었습니다.

"나를 여기에 똑바로 세워두고 네가 먼저 건너거라."

황소와 충돌을 기다리는 사람처럼 저는 그를 기둥 바로 앞에 세워두고, 살짝 뛰어 기둥 뒤에 서서 이렇게 말했습니다.

"자, 물 이쪽까지 힘껏 뛰세요."

제 말이 끝나자마자 숫산양처럼 장님은 균형을 잡고 더 멀리 뛰기 위해 한 발 뒤로 물러서서 혼신의 힘으로 뛰어 올랐다가는 그만 기둥에 머리를 부딪쳤습니다. 그 순간 마치 커다란 호박이 부딪치는 듯한 큰 소리가 났고, 장님은 뒤로 쓰러져 반쯤 죽은 상태로 머리가 깨져버렸습니다. 제가 말했습니다.

"소시지 냄새는 잘 맡더니 어떻게 기둥 냄새는 못 맡았나봐요? 올레! 올레!"

돕기 위하여 달려온 많은 사람들의 손에 장님을 맡겨 두고 저는 총총 걸음으로 마을 입구까지 갔으며, 더 어두워지기 전에 또리호스 마을에 닿았습니다. 그 후로 하나님이 그를 어떻게 했는지 저는 알 수 없었으며, 또 알려고도 하지 않았습니다.

Tratado Segundo

＊ 라사로가 성직자와 함께 정착하게 된 경위와 그가 겪은 일들

다음 날 저는 그곳이 안전하지 못한 것 같아 마께다라고 불리는 곳으로 갔는데 제 업보가 그곳에서 한 성직자를 만나게 하였고, 그 성직자는 구걸을 하러 간 제게 미사를 도울 줄 아느냐고 물었습니다. 저는 그렇다고 대답했는데, 그것이 사실이었던 까닭이었습니다. 비록 제가 학대당하기는 했지만, 그 죄 많은 장님은 제게 많은 것을 가르쳐 주었고 미사를 돕는 것도 그 중 하나였기 때문입니다.

결국 그 성직자는 저를 그의 미사조수로 받아들였습니다. 그것은 천둥을 피하려다 벼락을 맞는 꼴이 되었습니다. 왜냐하면 제가 말한 대로 욕심으로 말할 것 같으면 장님은 성직자에 비해 알렉산더 대왕이라 칭할 수 있었기 때문입니다.

더 이상 말할 것도 없이 세상의 모든 빈곤이 그 사람 안에 갇혀 있는 것 같았습니다. 저는 이것이 그의 소득 때문인지 아니면 성직자라는 직업 때문인지 알 수 없었습니다.

그는 열쇠로 잠근 낡은 궤를 갖고 있었는데, 그 열쇠를 망토 끈에 묶고 다녔습니다. 그리고 교회의 시주로 바쳐진 빵이 생기면 자신의 손으로 이런 것들을 궤에 넣고 다시 잠갔습니다. 그래서 성직자의 집안에는 여느 다른 집에서는 있을 법한 것들, 이를 테면 굴뚝 근처에 걸려 있는 베이컨이나 장롱이나 테이블 위에 놓인 치즈나 식탁에서 남은 빵 조각을 담아놓는 광주리도 없었습니다. 내 생각에는 비록 그들 중 어떤 것도 제가 먹을 수는 없겠지만 보는 것만으로도 위안이 될 성 싶었습니다. 오직, 양파 한 다발이 있었는데 그것도 집 제일 꼭대기 창고 방에 열쇠로 잠겨 있었습니다.

이것을 저는 나흘에 하나씩 배당받았는데, 그것도 누군가가 옆에 있을 때 그곳에 가려고 열쇠를 얻으려면 속주머니에 손을 넣어 아주 힘들게 열쇠를 풀어 이렇게 말하며 제게 주는 것이었습니다.

"여기 있다. 그리고 열쇠는 나중에 돌려다오. 맛있게 먹으렴."

마치 열기만 하면 발렌시아(Valencia)의 모든 통조림이 거기에 있기라도 한 것 같았지만, 제가 말했듯이 창고에는 못에 걸어놓은 양파 다발 외엔 아무 것도 없었습니다.

더욱이 그는 양파가 몇 개 있는지 너무 잘 파악하고 있어서 만일 내게 허락된 양을 어기게끔 나의 양심이 유혹했다면 저는 값비싼 죄값을 치루어야 했을 것입니다. 마침내 저는 배가 너무 고파 죽을 지경이 되었습니다. 그는 제게는 자비를 잘 베풀지 않으면서 자기 자신에게는 무척 자비로웠습니다. 다섯 푼 어치의 고기가 그의 점심과 저녁에 늘 먹는 식사였습니다. 사실 저와는 고기보다는 스프를 함께 나눠 먹었으나, 눈에 흰자

만큼 아주 적은 양을 주어서 저는 맛 한 번 볼 수 없었지요. 그나마 약간의 빵을 얻어먹으며 그가 제게 조금이나마 음식을 나누어 줄 것을 하나님께 빌었습니다.

토요일마다 이 지방에선 양의 머리고기를 먹는데 그는 가격이 3마라베디인 이것을 하나 사오라고 제게 시켰습니다. 제가 이것을 요리해 놓으면 그는 두 눈과 혀, 목덜미와 머리 그리고 턱에 붙어있는 고기까지 다 갉아먹고 난 뼈들을 제게 주었습니다. 그것도 이렇게 말하며 접시에 놓아 두는 것이었지요.

"여기 있다. 먹고 승리해야지. 세상이 다 네 것이 아니냐. 너는 교황님보다 나은 인생을 사는구나!"

저는 낮은 목소리로 중얼거렸습니다.

"하나님께서 당신에게도 이런 인생을 베풀어주시기를!"

그와 지낸 지 3주가 지나자 얼마나 몸이 말랐는지 너무나 배가 고파 서 있을 수도 없을 지경이었습니다. 만일 하나님과 저의 현명함이 저를 구제해 주지 않았더라면 분명히 저는 묘지로 갔을 겁니다. 훔칠 것이 없었기에 저의 계교를 사용할 도구도 없었습니다. 또 있었다 할지라도, 만일 기둥에 부딪쳐 죽었다면 하나님께서 용서해 주시기를 바라는 그 장님에게 했듯이 이 자에게 앞을 못 보게 할 수는 없었습니다. 장님은 비록 교활하기는 했으나 그 귀중한 감각의 결함으로 인해 제가 하는 짓을 느끼지 못했으니까요. 그러나 이 자는 그 누구보다 예리한 시각을 갖고 있었습니다. 성찬 봉헌 때는 그의 기록 없이는 한 푼도 헌금 통에서 떨어질 수 없었습니다. 그의 한쪽 눈은 사람들 쪽에, 그리고 나머지 한쪽 눈은

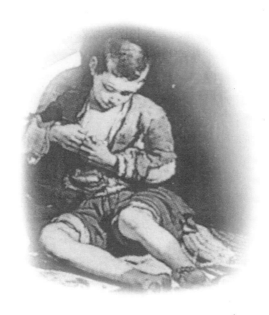

제 손에 시선을 주고 있었습니다. 그의 눈은 머리통 위에서 마치 수은으로 만들어지기라도 한듯 움직이고 있었습니다. 그는 몇 푼이 헌금되는지 세고 있었습니다. 그리고 헌금이 끝나면 헌금함을 제게서 빼앗아 제단 위에 놓았습니다. 그와 살았던 동안 아니, 좀 더 자세히 말하자면 죽었던 동안, 저는 돈 한 푼 훔칠 그런 사람이 아니었습니다. 저는 술집에서 한 푼어치의 포도주도 그에게 사다 준 적이 없었습니다. 그는 공물을 받아 그의 궤에 넣어둔 적은 양의 포도주로 얼마나 분배를 잘 했는지 일주일 내내 지속시킬 수 있었습니다. 그리고 자신의 인색한 수전노짓을 숨기려고 제게 말하는 것이었습니다.

"얘야, 신부들은 먹는 것과 마시는 데 있어서 절도가 있어야 하느니라. 이런 고로 나는 다른 사람들처럼 법도에 어긋나는 행동을 하지 않느니라."

그러나 그 수전노는 꾸며서 거짓말을 하고 있었으니 신도 모임 때나 장례식 때면 사람들이 가져온 음식을 늑대처럼 먹고 주정뱅이보다 더 많이 술을 마셔댔습니다. 그리고 장례식 얘기가 나왔으니 말이지만, 하나님의 용서가 있기를 비나니, 그때 만큼은 인간 본성을 거스르지 않고 신물날 때까지 먹어댔습니다.

저는 하나님께서 매일 그의 어린양을 죽여주시기를 원했고 심지어 빌기까지 했습니다. 그리고 병자들에게 성사를 줄 때, 특히 종부성사 때 성직자가 주위에 있는 사람들한테 기도를 하라고 명할 때면 저도 재빨리 기도했고 또 진심으로 모든 선의를 다해서 사람들이 보통 하듯이 그를 하나님이 필요로 하는 곳으로 보내소서라고 기도하는 대신, 제발 이 세상에서 그를 데려가 달라고 빌었습니다.

그리고 이들 중 몇 명이 완쾌되기라도 하면, 하나님이 용서해 주기를, 그를 몇 천 번이고 저주했습니다. 그러나 죽는 자는 제게서 그만큼의 축복을 받았습니다. 제가 그곳에 있었던 6개월 동안 20명이 죽었는데 아마 제가 죽인 걸 겁니다. 아니, 다시 말하면 제 기도 때문에 죽은 것일 겁니다. 왜냐하면 주님께서 제가 미쳐 날뛰며 서서히 죽어가는 것을 보시고, 제게 생명을 주기 위해 기꺼이 다른 이들을 죽이셨다는 생각이 들기 때문입니다. 그러나 현재의 고통을 생각하면 달리 방도가 없었습니다. 사람을 묻는 날이 제가 사는 날이었고, 죽는 사람이 없는 날은 이미 포식에 익숙해진 저는 다시 굶주림으로 돌아와 더욱 배가 고팠기 때문이었습니다.

이런 식으로 죽음 외에는 다른 안식이 없었기에, 저는 다른 사람이 죽기를 바라듯이 저 자신의 죽음도 가끔씩 기원했었습니다. 하지만 늘 죽음이 제 안에 있음에도 불구하고 죽음이 저를 찾아 오지는 않았습니다.

저는 수없이 이 야비한 주인으로부터 떠나려는 생각을 했었습니다. 그러나 두 가지 이유 때문에 그만 두곤 했지요. 첫째, 순전히 배고픔에서 오는 야윔을 두려워하여 내 다리들이 엄두도 못 냈기 때문이고, 곰곰이 생각해 보니 둘째 이유는 이랬습니다.

> "저는 두 주인을 섬겼습니다. 처음 주인은 저를 굶겨 죽일 뻔 했고, 그를 떠나 이 자를 만났는데 이 자는 저를 배고픔으로 묘지에 밀어 넣고 있습니다. 만약 제가 이 자를 포기하고 더 천한 자와 만나게 된다면 죽음 말고 무엇이 있겠습니까?"

이런 생각들 때문에 저는 감히 일을 실행할 엄두도 내지 못했습니다. 왜냐하면 다른 모든 계층들도 더 천박스러울 것이라는 확신이 있었기 때문입니다. 결국 한 단계 더 내려간다면 더 이상 라사로라는 이름을 부를 일도, 그 이름 부르는 소리를 들을 일도 없을 것이었습니다.

이런 슬픔 가운데, 그로부터 자유롭도록 해주십사 하나님께 충심으로 빌었는데, 제 상황이 악화되는 것을 보시고 어떻게 조언하실 줄 몰라 하던 중 어느 날 천박하고 인색한 제 주인이 나간 틈을 타, 문 앞에 수리공이 우연히 나타나게 하셨습니다. 제 생각으론 그런 차림으로 하나님께서 보내신 천사였던 것 같았습니다. 그는 뭐 고칠 게 없느냐고 물었습니다.

> "난 고칠 데가 많아요. 하지만 그건 쉬운 일이 아닐 겁니다."

제가 나즈막이 말했지만, 그는 제 말을 듣지 못했습니다. 그러나 괜찮다는 말로 시간을 보낼 때가 아니어서 성신의 도움을 받아 저는 다음과 같이 말했습니다.

"실은 이 궤의 열쇠를 잃어버렸는데 주인님이 오셔서 저를 때릴까 겁이 나요. 제발 빌건대 당신이 가진 것 중에 맞는 게 있나 좀 보세요. 지불은 제가 하겠어요."

천사 같은 수리공은 열쇠 꾸러미의 열쇠를 하나하나 시험하기 시작했고, 저는 빈약한 기도로 그를 도와주었습니다. 생각지도 않았을 때 저는 보통 사람들이 말하듯이 궤 안에 있는 빵의 형상 속에서 하나님의 얼굴을 보았습니다. 그리고 문이 열리자 그에게 말했습니다.

"열쇠값으로 드릴 돈이 제게 없으니 여기서 대가로 뭘 가져가세요."

그는 궤 안에 있던 빵 중에서 가장 좋아 보이는 것을 가지고 제겐 열쇠를 주고 아주 기뻐하며 떠났는데, 수리공보다 제가 더 기뻤습니다. 그러나 그때까지 저는 아무 것에도 손은 대지 않았습니다. 없어진 것이 눈에 뜨일까 염려해서였지요. 그리고 보는 것만으로도 만족해서 전혀 배가 고프지도 않았습니다. 천박한 주인이 돌아왔을 때에는 신이 도우셔서 천사가 가져간 빵을 알아채지 못하기를 바랄 뿐이었습니다.

다음 날 그가 집을 나가자 저는 제 빵이 있는 천국을 열어 두 손과 이 사이로 빵을 넣고 눈 깜짝할 사이에 먹어치웠으며, 열린 궤를 잊지 않고 잘 잠궜습니다. 그리고 저는 아주 기쁜 마음으로 집을 쓸기 시작했습니다. 이런 방법으로 앞으로 비참한 생활을 면할 수 있다고 생각하면서 말입니다. 이렇게 저는 그 날과 다음날을 이 일로 기쁘게 지냈습니다. 그러나 이런 안식이 오래 지속되는 복이 저에겐 없었습니다. 왜냐하면 3일 뒤에 곧바로 제겐 3일열이 다가 왔기 때문이었습니다. 글쎄 제가 생각지도 않던 때 저를 굶어 죽이던 그 자가 우리 궤에서 뒤집고 뒤섞으며 빵을 세고 또 세고 있었던 것입니다. 저는 시치미를 떼면서 마음속으로는 이렇게 기도하고 빌었습니다.

"사도 요한이시여, 그를 눈멀게 하소서!"

성직자는 한참동안 손가락으로 날짜를 따져 계산을 하고 나서 말했습니다.

"내가 이 궤를 단단히 조심하지 않았다면 여기서 누가 빵을 가져 갔냐고 할 테지만 오늘부터는 이런 의심이 나지 않도록 아주 잘 세어 놓아야겠다. 아홉 개하고 한 조각이 남았다."

"하나님께서 당신에게 저주를 내리시기를!"

라고 저는 혼자 말했습니다.

그의 말이 제겐 사냥꾼의 화살같이 가슴을 꿰 뚫고 지나가는 것 같았습니다. 그리고 제 배는 지난 날들의 굶주림을 기억하면서 요동치기 시작했습니다. 그가 집을 나가자 저는 스스로를 달래기 위해 궤를 열고 빵을 보았으나 감히 먹지는 못하고 쳐다보고만 있었습니다. 저는 그 불행한 자가 다행히도 계산을 잘못했을까 하여 세어봤지만 제가 원했던 것보다 그의 계산이 더 분명한 것을 발견했을 뿐이었습니다. 제가 할 수 있었던 것이라곤 빵에다 수천 번 입을 맞추는 것뿐이었고, 잘려진 쪽으로 제가 가장 얇게 자를 수 있는 만큼을 살짝 잘라 그날을 지난날보다는 덜 즐

겹게 보내는 것이었습니다.

그러나 제가 말씀드린 바 있는 2~3일 동안 제 배는 빵에 길들여져 배고픔은 더해만 갔고, 저는 거의 죽을 지경이 되었습니다. 혼자 있는 시간이면 궤를 열고 닫으며 어린이들이 말하는 하나님의 얼굴을 보는 것 외엔 다른 일을 하지 않을 정도였습니다. 그러나 고뇌에 빠져 있는 자를 구하시는 하나님께서는 이러한 곤경에 빠진 저를 보시고 제 머리에 작은 묘안을 떠올려 주셨습니다. 저는 생각을 하며 혼자 중얼거렸습니다.

"이 궤짝은 낡고 크지. 그리고 작기는 하지만 여기저기 구멍이 나 있어서 쥐들이 드나들며 빵을 갉아 먹는다고 생각할 수도 있어. 통째로 빼낸다는 건 맞질 않아. 나를 이렇게 살아가게 하는 그

수전노가 빵이 없어진 걸 금방 알게 될 테니까. 이 정도쯤은 참을
수 있어."

그리고 저는 거기 있던 그다지 비싸지 않은 식탁보 위에다 빵을 부스
러뜨리기 시작했습니다. 하나하나, 차례 차례로 서너 번 조그맣게 부스
러뜨렸습니다. 그리고 마치 비싼 과자를 먹듯, 떨어진 부스러기를 먹고
어느 정도는 위로를 받았습니다. 그러나 그가 식사를 하려고 궤를 열자
이 나쁜 짓을 알아챘고, 그는 의심할 여지없이 해를 입힌 것이 쥐라고 판
단했습니다. 제가 쥐들이 그런 것처럼 적절하게 흉내를 냈기 때문이었습
니다. 그는 한쪽 끝에서 다른 쪽 끝까지 나 있는, 쥐들이 들어왔을 것이
라고 생각하게 하는 구멍들을 살펴 보았습니다. 그리고 저를 불러 이렇
게 말했습니다.

"라사로야! 이것 좀 봐라. 우리 빵이 어제 저녁에 입은 해를 좀
보렴!

저는 굉장히 놀란 체하며 물었습니다.

"이게 어떻게 된 일이지요?"

"어떻게 된 일은?"

그가 말했습니다.

"가만 놔두는 게 없는 쥐들의 짓이지."

우리는 빵을 먹기 시작했는데, 신께서는 이 일까지도 제게 좋은 일이

되게 해주셨습니다. 그동안 제가 받아오던 비참한 양보다 훨씬 더 많은 빵을 받게 되었으니까요. 신부는 쥐들이 뜯어 먹었다고 생각되는 곳을 다 칼로 잘라낸 뒤 이렇게 말했기 때문이었습니다.

"이것들을 먹으렴. 쥐들은 깨끗하단다."

이렇게 하여 그날 저는 제 손이, 아니 제 손톱들이 해낸 일 덕분에 추가 배당까지 받아 언제 시작했나 싶게 식사를 끝마쳤습니다. 그리고 나중에 저는 그가 낡은 궤의 모든 구멍을 막아버리기 위해 못과 판자를 찾아 분주히 다니는 것을 보고 다시 한 번 경악을 금할 수 없었습니다.

"오, 하나님."

그때 저는 말했습니다.

"이 땅에 태어난 자들이 얼마나 많은 비참함과 불운과 재난을 겪어야 하는지요. 그리고 힘든 생에 있어서 행복은 왜 이렇게도 짧은 건가요? 저는 이 빈곤하고 슬픈 방법이 저의 빈곤을 달래고 수습할 것이라 생각했고 그로 인해 기쁨과 행운이 있었습니다. 그러나 저는 저의 주인을 깨워 그가 가지고 있던 기민함을 더 민감하게 하여 ─ 왜냐하면 대개 비열한 자들은 기민함을 지니고 있으니까 ─ 이제는 궤의 구멍을 막음으로써 내 위로의 문을 닫고 고뇌의 문을 여는 저의 불운함을 겪고 싶지는 않습니다."

이렇게 한탄하는 동안 이제 목수가 되어 버린 부지런한 제 주인은 많은 못과 판자를 가지고 그의 작품을 완성시킨 뒤 이렇게 말했습니다.

"이제 이 배신자 같은 서생원들, 이 집에서는 운이 안 좋으니
　　생각을 달리 하는 게 좋을 것이다."

　그가 집에서 나가자마자 저는 그의 작품을 보고는 그가 낡고 빈약한 궤에 모기가 들어갈 만한 구멍조차 남겨 두지 않은 것을 발견했습니다. 저는 제 쓸모없는 열쇠로 이익을 얻으리라는 희망도 없이 궤를 열어 제 주인이 쥐들이 갉아먹은 줄로 아는 두세 개의 빵을 보았습니다. 그리고 아주 능숙한 검술가가 하듯이 가볍게 이것들을 만지며 조금 더 뜯어냈습니다. 항상 저는 궁핍했고 또 궁핍은 위대한 선생이기에 밤낮으로 저는 삶을 부양할 방법에 대해 생각했습니다. 그리고 흔히 말하듯 배고픔은 재치를 타오르게 하고 포만감은 그 반대의 현상을 일으키기에 저는 어두운 방법을 찾는 데 배고픔이 빛이 되어 주었다고 생각했습니다.

　이런 생각으로 어느 날 밤잠을 못 이루고 어떻게 하면 궤를 이용할 수 있을까를 생각하다가 주인이 잠든 것을 알았습니다. 코고는 소리와 거친 숨소리가 그가 자고 있음을 보여주었기 때문입니다. 저는 아주 조용히 일어나 낮에 미리 할 일을 생각해 두고 굴러다니던 낡은 칼을 준비해 둔 덕분에 빈약한 궤 쪽으로 가서 가장 약하다고 생각되는 곳을 칼로 송곳처럼 뚫어버렸습니다. 궤는 아주 오래된 유물이라 힘과 견고함이 없었고, 말랑말랑하고 좀먹어 있어서 그의 옆구리에 구멍을 내는 데 굴복하여 항복하고 말았습니다. 이 일을 한 뒤에 저는 아주 조용히 상처 입은 궤를 열어 두 쪽 난 빵을 더듬고 위에서 말한 것처럼 했습니다. 그것으로 어느 정도 위로받은 저는 다시 궤를 닫고 제 짚속으로 돌아와 쉬면서 조금 잠을 잤습니다. 저는 잠을 잘 자지 못했는데 아마도 제대로 못 먹어서 그랬을 것입니다. 왜냐하면 그 나이 때는 프랑스 왕이 지켜본다 해도 잠이 달아나지 않을 때였기 때문입니다.

다음 날, 제 주인님은 이 피해를 발견했으며, 마찬가지로 제가 뚫은 구멍과 빵을 보고는 쥐들을 저주하기 시작했습니다.

"이것을 뭐라고 해야 할 것 같으냐? 지금처럼 이 집에 쥐가 많았던 적은 없다."

물론 의심할 나위 없이 사실일 것입니다. 왜냐하면 이 왕국에 그들의 특권으로 선택된 집이 있다면 논리적으로 타당성이 있어야 하는데 물론 그것은 쥐들은 먹을 것이 없는 곳에는 살지 않기 때문입니다. 그는 다시 궤를 봉하려고 온집 구석구석으로 못과 판자를 찾아다녔습니다. 밤이 되어 그가 잠이 들자, 저는 도구를 들고 서서 그가 낮에 덮은 것을 밤에 열었습니다. 우리는 부지런히 그 일을 했고, 아마도 그래서 이런 말이 생겼는지도 모르겠습니다.

"한쪽 문이 닫히면 다른쪽 문이 열린다."

나중엔 페넬로페의 베짜는 일을 청부받은 사람들 같았지요. 왜냐하면 그가 낮에 만들어 놓은 것을 제가 밤마다 부수었기 때문입니다. 그리고 며칠 밤과 낮 뒤에 우리가 식료품 저장소를 얼마나 형편없이 만들었던지 이것에 대해 똑바로 말하고 싶은 사람이 있었다면 궤 위에 새겨진 못자국과 홈 때문에 '궤' 대신 '옛날의 낡은 흉갑'이라고 불렀을 것입니다.

자신의 방법이 무익한 것을 보고 그가 말했습니다.

"이 궤는 많이 파손되어 있고, 낡고 얇은 나무로 만들어졌기 때문에 어떤 쥐도 막아내지 못할 거야. 게다가 더 심해지니 이렇게 가다간 우리 양식을 보호할 수 없을 거다. 더 난처한 것은 이 궤가 별 쓸모없다 하더라도 없으면 아쉽고, 최소한 3~4 레알은 들 테니까 말이다. 내 생각에 가장 좋은 방법은 여태까지 사용한 방법으론 성과가 없었으니, 이 저주받은 쥐들을 위해 안에다 덫을 놓는 거지."

다음에 그는 재빨리 쥐덫을 찾아 이웃사람들한테 얻은 치즈 조각을 궤안에 넣고 계속해서 궤 안을 지켰습니다. 이것은 제게 더할 수 없는 도움이었습니다. 왜냐하면 저는 원래 빵을 먹을 때 많은 소스를 필요로 하지는 않았지만, 그래도 쥐덫에서 빼낸 치즈 조각으로 어느 정도는 만족할 수 있었기 때문입니다. 그리고 이와는 별도로 빵을 골라먹는 일도 서슴지 않았습니다.

빵은 갉아먹히고 치즈는 치즈대로 없어졌는데 그것을 먹은 쥐는 잡혀 있지 않자 그는 저주를 퍼부으며 이웃들에게 치즈를 먹으나 덫에는 걸리지 않고, 쥐는 궤안에 들어 있지 않고 덫은 덫대로 떨어져 있는데 도대체 무엇이겠느냐고 물었습니다.

이웃들은 이런 해를 입히는 것은 쥐가 아니라고 입을 모았습니다. 왜냐하면 한번쯤은 덫에 걸려야 했기 때문이었습니다. 한 이웃이 말했습니다.

"당신네 집에 뱀이 있었던 것을 기억하오. 아마 틀림없이 그게 원인일 것이오. 내 말이 맞는 게 뱀은 길기 때문에 미끼를 먹다 덫이 위로 내려앉는다 해도 몸이 다 갇힌 게 아니니 다시 나올 수 있는 거죠."

이 사람의 말은 곧 모두의 마음에 들었고 저의 주인님은 굉장히 흥분을 했습니다. 그때부터 그는 그렇게 깊은 잠을 자지 않았습니다. 왜냐하면 밤에 들리는 모든 나무지렁이들을 궤를 갉아먹은 뱀이라고 생각했기 때문이었습니다. 그러면 그는 일어나서, 사람들의 말을 듣고부터 머리맡에 놓아두기 시작한 몽둥이로 뱀을 놀라게 할 의도로 죄 많은 궤에 엄청난 방망이질을 해대는 것이었습니다. 그가 일으키는 소란은 이웃들을 깨웠고, 저도 잠을 이루지 못했습니다. 이내 그는 제 짚 옆으로 와서 저와 함께 이것들을 온통 뒤집어 엎었습니다. 뱀이 저 있는 곳으로 와서 제 짚이나 옷 속에 들어왔다고 생각했기 때문이었습니다. 왜냐하면 사람들이 이런 짐승들은 밤이면 온기를 찾아 사람들이 자는 곳에 가서 물기도 하고 심지어는 목숨을 위태롭게까지 한다는 소리를 했기 때문입니다. 저는 대부분 자는 척을 했는데 아침이면 그는 제게 말했습니다.

"얘야, 어젯밤에 아무 것도 못 느꼈니? 어제 뱀의 뒤를 쫓았는
데 냉혈동물들이라 열을 찾으러 네 침대로 갔을 거라고 지금도
생각한단다."

"저를 물지 않도록 하나님께 기도해 주세요."

라고 저는 말했습니다.

"너무 무서워요."

이런 식으로 잠을 못 이루고 깨어있다 보니 제 생각에 그 어떤 뱀도 궤를 갉기는 커녕 오르지도 못할 것 같았습니다. 그러나 낮에 그가 성당이나 그 근처에 가 있는 동안 저는 궤를 습격하곤 했습니다. 이런 피해를 보고, 그리고 아무 방법이 없음을 알고 그는 밤마다 유령처럼 배회하는 것이었습니다.

저는 그런 열성 때문에 열쇠가 발견될까 두려웠습니다. 저는 이것을 여태껏 짚속에 숨겨 두고 있었는데 입에 넣어두는 것이 더 안전할 것 같아 밤이면 입에 넣고 자기로 했습니다. 왜냐하면 제가 장님과 함께 살았던 동안 입이 얼마나 커졌는지 12나 15마라베디를 모두 푼돈으로 입에 넣고 음식을 먹어도 불편하지 않았을 정도였으니까요. 그렇게까지 안 하면 고치고 꿰맨 곳을 어떻게나 자주 찾는지 한 푼도 얻을 수 없었기 때문이었습니다.

이렇게, 제가 말씀드린 바와 같이 매일 밤 열쇠를 입에 넣고 마술사 같은 제 주인이 찾아내리라는 걱정 없이 잠을 잤습니다. 그러나 불행이 찾아오려면 어떻게든 찾아오기 마련인가 봅니다. 어느 날 밤 제가 열쇠를 입에 넣고 자고 있는 동안 공교롭게도 벌려진 입으로 제가 뿜어내는 공기와 숨이 대나무로 된 열쇠 구멍을 통해 새어나와 큰 소리를 냈습니다. 얼마나 크게 소리가 났는지 놀란 제 주인은 그것을 뱀이 내는 소리로 알았습니다.

그는 아주 조용히 일어나 몽둥이를 손에 들고 더듬으며 소리를 쫓아 제가 있는 곳까지 뱀이 알지 못하게 하려고 아주 조용히 다가왔습니다. 가까이 다가온 그는 뱀이 제가 누워있는 짚 속의 열을 찾아갔을 것이라고 생각했습니다. 그는 몽둥이를 높이 들어 뱀이 아래에 있다고 생각하고, 죽일 생각으로 제 머리를 있는 힘을 다해 내리치는 바람에 저는 머리가 터진 채 의식을 잃고 말았습니다.

그리고 제게 다가와 저를 내려친 것을 알고 큰 소리로 저를 부르며 깨우려고 했습니다. 그러나 손으로 저를 만져보고 제가 피를 많이 흘리고 있는 것을 보더니 그는 재빨리 불을 가지러 갔습니다. 불을 가져온 그는 한 번도 꺼내 놓은 적이 없는 열쇠를 아직도 입속에 넣은 채 신음하고 있는 저를 발견했는데, 저는 자다가 소리를 냈을 때처럼 열쇠를 반쯤 밖으로 내놓고 있었습니다.

놀란 그 뱀잡이는 이 열쇠가 무엇일까 의아해 하며 제 입에서 완전히 빼내어 보고는 자신이 가지고 있는 열쇠와 하나도 다르지 않다는 것을 알았습니다. 왜냐하면 열쇠톱이 같았기 때문이었습니다. 아마 그 잔인한 사냥꾼은 다음과 같이 말했을 것입니다.

"내게 애를 먹이고 내 재산을 먹어대던 쥐와 뱀을 잡았다."

그 후 사흘 동안 생긴 일에 대해서는 아무 말도 할 수 없습니다. 왜냐하면 그 사흘간은 마치 고래 뱃속에서 지낸 것 같았기 때문입니다. 그러나 제가 앞에서 말씀드린 것은 제가 정신을 차린 뒤 주인이 교회에 오는 사람들에게 상세히 얘기한 것을 들어서 알게 된 것입니다.

사흘 후 정신을 차린 저는 제가 짚더미 위에서 머리에 온통 고약칠을 하고 향료와 연고를 뒤집어 쓴 채 누워있는 것을 알고는 놀라서 말했습니다.

"어찌된 영문이죠?"

잔인한 신부는 대답했습니다.

"나를 망치던 쥐들과 뱀들을 잡은 게 분명하다."

그제서야 제가 얼마나 깊은 상처를 입고 있는가를 알았으며 제 불행함에 놀랐습니다. 이때 안수기도를 하는 한 노파와 이웃들이 들어왔습니다. 그들은 제 머리에서 붕대를 풀어 몽둥이질 때문에 생긴 상처를 치료하기 시작했습니다. 그리고 제가 의식을 되찾은 것을 보고 기뻐하며 이렇게 말했습니다.

"의식을 찾았어. 상처가 심각한 게 아니니 하나님께서 기뻐하
실 거야."

그때 그들은 다시 내 슬픈 이야기를 하며 웃기 시작했고 죄인인 저는 울기 시작했습니다. 그럼에도 불구하고 배 고파서 괴로워하는 제게 그들은 먹을 것을 주었지만 겨우 그 배고픔에서 구제해줄 뿐이었습니다. 이렇게 그럭저럭 보름이 지나자 저는 자리에서 일어나게 되었고 위험도 사라졌습니다. – 그러나 배는 여전히 고팠습니다. – 그리고 어느 정도는 건강도 회복되었습니다.

다음 날 일어나자, 저의 주인은 제 손을 잡아 집밖으로 내쫓으며 저에게 말했습니다.

"라사로! 오늘부터 너는 나의 것이 아닌 너 자신의 것이다. 주
인을 찾아라. 그리고 하나님이 함께 하시기를! 나는 너같이 너무
부지런한 조수를 옆에 두고 싶지 않다. 어떻게 네가 장님의 하인
이 될 수 있었는지 모르겠다."

그리고 마치 제게 악마라도 씌어 있는 것처럼 성호를 긋고는 집안으로 들어가서 문을 닫아 걸었습니다.

Tratado Tercero

*＊라사로가 어느 시골 귀족과 함께 지내게 된 경위와
그와 함께 지내며 일어났던 일들

선한 사람들의 도움으로 조금씩 겨우 기운을 차리게 되었고, 똘레도
(Toledo)라는 유명한 도시에서 지내면서 신의 은총으로 저의 상처는
두 주 후에 아물었습니다. 제가 아픈 동안에는 동냥을 주고 하던 사람들
이 제가 건강해지자 모두들 이렇게 말했습니다.

"이런 뻔뻔한 게으름뱅이가 있나. 네가 섬길 훌륭한 주인을 찾
도록 해라."

그럼 전 혼자서 이렇게 중얼거렸습니다.

"어디서 주인을 찾지? 하나님은 세상을 창조하셨듯이 혹시 주
인도 만들어 주시지 않으시려나?"

그렇게 별 뾰족한 수 없이 이집 저집 문전을 떠돌던 중, 자비가 하늘에
닿아 하나님께서는 거리를 가고 있는 한 시골귀족과 저를 만나게 해주셨
습니다. 그는 옷을 제법 갖추어 입었고 머리는 단정히 빗어 넘겼으며, 보

폭이며 걸음걸이도 정연했습니다. 그는 저와 마주치자 말했습니다.

"애야, 주인을 찾고 있니?"

제가 대답했습니다.

"네, 나리."

"그럼 날 따라오너라. 하나님께서 네게 나와 만날 수 있는 은총
을 베푸셨구나. 아마도 네가 오늘 어떤 좋은 기도문을 외웠던 모
양이다."

그래서 저는 그가 말한 대로 하나님께 감사드리면서, 또한 그의 복장
이나 태도로 보아 제가 필요로 하는 사람처럼 생각되었기 때문에 그의
뒤를 따랐습니다.

저의 이 세 번째 주인을 만난 때가 아침이었는데 그는 저를 데리고 도
시의 여러 곳을 다녔습니다. 우리는 빵과 식료품을 파는 시장을 지나기
도 했습니다. 저는 그가 거리에서 파는 물건들을 사서 제게 지고 가게 할
거라고 생각했고, 심지어는 그렇게 되길 원했는데, 이때가 필요한 물건
들을 취하는 데 가장 적합한 때였기 때문이었습니다. 그러나 그는 아주
급히 이런 것들을 지나쳤습니다.

'아마도 여기선 그의 마음에 드는 것이 없어서 다른 곳에서 사
려고 그러나보다.'

라고 저는 생각했습니다.

이렇게 11시까지 우린 걸었습니다. 그때 그는 큰 교회로 들어섰고 저도 그를 따라 들어가 모든 것이 끝나고 사람들이 갈 때까지 그가 아주 경건하게 미사를 듣고 있는 것을 지켜보았고, 또 다른 신성한 의식들도 보았습니다. 그제서야 우리도 교회에서 나왔습니다.

우리는 성큼성큼 거리 아래쪽으로 걸어 내려가기 시작했습니다. 우리가 먹을 것을 찾아야 하는 걱정을 하지 않았다는 걸 아는 것만으로도 저는 세상에서 가장 행복하다고 생각하며 걸었습니다. 분명 제 새로운 주인은 식사를 함께 하려고 할 테고, 제가 바라는 대로 또한 제게 필요한 대로 이미 음식이 준비되어 있음에 틀림없다고 생각했습니다.

이때 시계가 오후 1시를 쳤고 우리는 어떤 집에 도착했습니다. 주인과 저는 그 집 앞에 섰고 주인은 망토 끝을 왼쪽 옆구리로 보내고 소매에서 열쇠를 꺼내서 문을 열었습니다. 우린 그 집으로 들어갔습니다. 비록 집안에 자그마한 정원과 안락한 몇 개의 방이 있었지만, 입구는 들어오는 사람에게 두려움을 느끼게 할 만큼 어둡고 음침했습니다.

집안으로 들어온 후에 주인은 손이 깨끗한가를 물어보면서 망토를 벗고 아주 깨끗하게 털어서 접어 그 곳에 있는 붙박이식 의자의 먼지를 훅 불어보고는 그 위에 놓았습니다. 그러고는 어디 출신이며 그 도시에는 어떻게 오게 되었는가를 물어보면서 망토 옆자리에 앉았습니다. 그래서 전 될 수 있는 한 길게 이야기했습니다. 왜냐하면 그가 저에게 이것저것 물어보는 것보다 상을 차리게 하고 수프를 만들라고 명령하는 것이 더 적절한 시간이라고 여겼기 때문입니다.

이렇게 해서 제가 아는 거짓말은 다하여 저의 좋은 점을 말하고 그 방안에서 필요 없다고 생각한 그 밖의 것은 입을 다물어 그가 저에 대해 만족하게끔 하였습니다. 이렇게 잠깐 있고서 저는 거의 두 시가 다 되었는데도 그로부터는 식사할 기미가 보이지 않는다는 불길한 징조를 깨달았습니다.

그리고 나서 생각하니 잠긴 문을 열쇠로 열고 들어오던 것과, 집안에는 위에서도 아래서도 살아있는 사람의 발자국 소리를 전혀 들을 수 없었다는 사실도 깨달았습니다. 집안에는 소파도, 도마도, 벤치도, 탁자도, 심지어는 옛날의 그 궤짝조차도 없었고 제가 볼 수 있었던 것은 온통 벽뿐이었습니다. 마침내는 그집이 마술에 걸린 요술집처럼 보였습니다. 그러고 있는데 그가 제게 물었습니다.

"얘야, 식사는 했니?"

"아니오, 나리. 제가 나리를 만났을 땐 아직 8시도 안 되었을 때였어요."

라고 제가 말했습니다.

"그래. 아침이긴 했지만 난 점심식사를 이미 했단다. 그리고 그렇게 뭔가를 먹었을 때면 내가 밤까지 그렇게 있다는 걸 알게 될거다. 그러니 너도 견딜 수 있을 만큼 견디도록 해라. 그런 후에 저녁을 먹도록 하자꾸나."

귀하께서는 제가 이 말을 듣고서, 배고픔 때문이 아니라 제 운명이 완전히 뒤집혔음을 알고는 하마터면 맥이 빠질 뻔 했다는 사실을 믿어 주십시오. 이래서 저의 고통은 다시 재현되었고 또 다시 저는 제 운명을 탄식하는 일로 되돌아갔습니다. 그러면서 저는 성직자와 지냈던 일을 회상하였습니다. 비록 이 자가 불쌍하고 가엾긴 했지만 하필이면 만난다는 것이 저 자신보다 사정이 더 나쁜 자를 만났던 것입니다. 결국 저는 저의 고달팠던 지나간 삶과 다가올 죽음에 대해 눈물을 흘렸습니다. 그렇지만 될 수 있는 한 그러한 심정을 감추면서 말했습니다.

"나리, 전 젊습니다. 먹는 것 때문에 그다지 괴롭진 않아요. 제 또래들 중에서 제가 제일 튼튼한 목구멍을 갖고 있다고 자부할 수 있어요. 그래서 오늘날까지 제가 모시던 주인들로부터도 칭찬을 받았어요."

"그것 참 복이로다."

라고 그가 말했습니다.

"내가 널 더욱 좋아할 수 있겠구나. 배불리 먹는 것은 돼지들이나 하는 짓이지. 사람이라면 음식을 적당히 먹어야지."

저는 혼잣말로 이렇게 중얼거렸습니다.

"당신을 잘 알겠어요! 제가 만난 옛 주인들처럼 그따위 저주받을 처방과 친절 속에는 배고픔만이 있을 뿐이지!"

저는 현관의 한 구석에 앉아, 구걸하여 남아있던 빵 몇 조각을 품안에서 꺼냈습니다. 이것을 보더니 그가 제게 말했습니다.

"이리로 와 보거라. 애야, 뭘 먹는 거지?"

저는 그에게 다가가서 빵을 보여줬습니다. 그랬더니 그는 그 세 개의 빵 중 가장 크고 맛있는 것을 집어들고 말했습니다.

"내 살아 생전 이처럼 훌륭한 빵은 처음 본단다."

"나리, 이 빵이 훌륭하다고요?"

"그렇단다. 맹세하지. 그런데 그건 어디서 났지? 깨끗한 손으로 반죽한 거냐?"

라고 그가 물었습니다.

"그건 모르겠어요. 하지만 맛이 메스껍지는 않아요."

하고 제가 대답했습니다.

"하나님께 영광이."

라고 저의 가난한 주인이 말했습니다. 그리곤 그 빵을 입으로 가져가더니 제가 다른 빵을 먹을 때처럼 그도 그렇게 허겁지겁 먹기 시작했습니다. 그러면서 이렇게 말했습니다.

"정말이지. 맛있는 빵이로구나. 이렇게 맛있는 빵은 처음이야."

저는 우리 주인에게 어떤 못된 버릇이 있는지 뻔히 알고 있기라도 하듯이, 부지런히 서둘러 먹었습니다. 왜냐하면 그가 저보다 먼저 빵을 해치운다면 제게 남아있던 것을 도울 기세임을 눈치챘기 때문이었습니다. 그래서 우린 거의 동시에 먹는 것을 끝냈습니다.

그런 뒤 제 주인은 가슴팍에 흘린 자잘한 빵 부스러기들을 손으로 털어내기 시작했습니다. 그리곤 거기 있던 작은 골방에 들어가서 주둥이가 넓지만 가득 차지는 않은 항아리를 꺼내 와서는 먼저 마신 후 제게 권했습니다. 저는 금욕주의자인 척 이렇게 말했습니다.

"나리. 전 술을 마시지 않아요."

그러자 그가 말했습니다.

"이건 물이란다. 마셔도 괜찮아."

그제야 전 그 항아리를 들고 마셨습니다. 하지만 그다지 갈증이 심하지 않았기 때문에 많이 마시지는 않았습니다. 그가 물어오는 것에 대해 알고 있는 것보다 더 잘 대답을 해주며 있다 보니 밤이 되었습니다. 그는 저를 항아리를 꺼냈던 그 방으로 밀어 넣으면서 말했습니다.

"얘야, 거기 있거라. 여기서 어떻게 침대를 만들어 보자꾸나."

한쪽 끝에 제가 서고 다른 쪽 끝에 그가 서서 검은 침대를 만들었습니다. 만든다고 해봤자 할 일이 그리 많지는 않았습니다. 왜냐하면 의자를 몇 개 모아놓고, 그 위에 짚을 얹은 후 다시 그 위에 검은 요를 펴고 그 위를 또 옷으로 덮은 게 전부였기 때문입니다. 그에게 유용한 것이었는지는 몰라도, 요는 너무도 세탁을 하지 않아 진짜 필요한 양털은 거의 찾아볼 수가 없었기 때문에 거의 요 같지 않았습니다.

그래서 그 점을 헤아려 요를 잘 폈습니다. 하지만 불가능한 일이었습니다. 딱딱한 것이 부드러워질 순 없는 법이니까요. 악마 같은 길마라는 물건이 그 안에 들어있었습니다. 그것을 밀짚 위에 까니 그 줄기 자국이 역력하여 마치 비쩍 마른 돼지의 등뼈 같았습니다. 그래서 그 굶주린 요 위에 어떻게 형언할 수 없는 색깔의 옷을 깐 것입니다. 침대도 만들었고 밤이 오자 그가 말했습니다.

"라사로, 이미 밤이 깊었고 여기서 시장까지는 너무 멀다. 게다 가 이 도시에는 밤이면 돌아다니면서 날치기를 하는 도둑들이 많 단다. 우리가 더 참고 지내다 날이 밝아 아침이 오면 하나님께서 자비를 베푸실 게다. 난 늘 혼자 있었기 때문에 준비를 못했고, 요즘에는 밖에서 식사를 했으니 지금은 다른 방도가 없지 않니."

"나리, 저 때문에 걱정하진 마세요. 필요하다면 하루 밤이 아니 라 그 이상도 먹지 않고 지낼 수 있어요."

라고 제가 말했습니다.

"넌 더욱 더 건강하게 살 수 있을 거야."

그가 대꾸했습니다.

"오늘 우리가 말했듯이 소식(小食)하는 것보다 장수에 더 좋은 것이 세상엔 없단다."

"그 때문이라면 난 결코 죽지 않을 걸요. 전 항상 그 규칙을 강 제적으로라도 지켜왔고 심지어는 제 불운함 속에서 일생 동안 그 규칙을 지니길 바라기까지 하는 걸요."

그는 머리맡에 양말과 조끼를 벗어놓고 잠자리에 들었습니다. 그리고 제게 그의 발밑으로 누우라고 했습니다. 전 그렇게 했습니다. 그러나 저는 아주 나쁜 꿈을 꾸며 잠을 잤습니다. 밤새도록 밀짚과 비쩍 마른 제 온몸의 뼈들이 싸움질을 했기 때문이었습니다. 전 저의 고난과 불행 그리고 배고픔과 더불어 제 몸에는 살점이라고는 한 파운드도 없다는 걸 생각했고, 또한 거의 아무 것도 먹지 못해 배고픔으로 몸부림치는 날에는 배고픔과 꿈이 전혀 친구가 될 수 없음도 생각했습니다. 저는 저의 구질구질한 운명과 그날 밤을 수없이 저주했습니다. — 하나님, 저를 용서하시길 — 그를 깨우지 않으려고 되도록이면 움직이지 않으면서 차라리 죽음을 달라고 수없이 하나님께 빌었습니다.

아침이 왔고 우린 일어나서 그의 말과 조끼, 겉옷, 망토 등을 닦고 털기 시작했습니다. 저는 그리고 별로 중요치 않은 봉사를 했습니다. 그는 아주 기분 좋게 천천히 옷을 입었습니다. 저는 그에게 손 씻을 물을 떠다 바쳤고, 그는 머리를 빗고 칼을 찼습니다. 그러면서 제게 말했습니다.

"오! 얘야. 네가 이게 뭔지나 안다면! 난 이 칼을 세상의 어떤 것과도 바꿀 수 없단다. 안또니오의 어떤 칼 솜씨도 이 칼의 재빠른 적중력을 당해낼 수 없었단다."

그러더니 칼집에서 칼을 빼서 손가락으로 칼날을 시험해 보았습니다.

"이거 보이지? 이 칼이라면 양털뭉치 정도는 쉽게 베어내 보일 수 있단다."

저는 혼자서 이렇게 중얼거렸습니다.

"칼이 아니라 4파운드짜리 빵을 씹는 내 이빨로도 할 수 있겠다."

그는 다시 칼을 칼집에 넣고는 허리춤에 찼습니다. 그리고 차분한 발걸음과 바른 몸짓으로 머리를 아주 점잖게 흔들면서, 어깨위에 망토 끝을 걸치고는 때로는 팔 아래로 내리기도 하면서 오른손은 옆구리에 끼고 문을 나서면서 이렇게 말했습니다.

"라사로, 내가 미사 보러 간 동안 집 좀 보거라. 그리고 침대도 만들고 저 아래에 있는 강에 가서 물통도 채워 놓거라. 나갈 때는 반드시 도둑맞지 않도록 열쇠로 문을 잠그고 나가거라. 그리고 열쇠는 내가 들어올 수 있도록 이 기둥에 숨겨두거라."

그러더니 아주 점잖은 표정과 태도를 하고는 거리 위쪽으로 올라갔습니다. 그를 알지 못하는 사람이라면 그를 아르꼬스 백작의 아주 가까운 친척이거나 아니면 적어도 그의 옷시중을 드는 시종이라고 생각할 것 같았습니다.

"안녕히 다녀오세요, 나리."

이렇게 인사를 하고 저는 혼자 남았습니다.

"병 주고 약 주는군! 저런 우리 주인을 보고 어제 저녁을 잘 먹고 훌륭한 침대에서 잠잤다고 누가 믿지 않겠으며, 비록 지금은 아침이지만 이미 점심을 먹었다는 걸 안 믿을 사람도 없을 거야. 그 누구도 알지 못하는, 하나님께서 만드신 이 중대한 비밀! 누가 저 훌륭한 태도와 겉모습에 속지 않겠어? 그리고 또 누가 저런 점잖은 신사가 라사로라는 하인이 전혀 깨끗하지도 않은 품속에 온

종일 품고 다닌 빵 조각으로 때우고 내내 굶었다고 생각할까? 게다가 오늘은 세수를 하면서 손수건이 없어서 겉옷을 대신 썼다는 걸 아무도 모르겠지? 정말 아무도 그를 의심하지 않을 거야. 오! 하나님, 당신은 이 세상에 명예 때문에 불행을 견디는 얼마나 많은 사람들을 만들었는지요!"

저는 그렇게 이런저런 생각을 하면서 제 주인이 저쪽의 기다랗고 좁은 길로 들어설 때까지 문 앞에 있었습니다. 그가 멀리 사라지는 것을 보고 전 다시 집으로 들어와서 가만히 있지도 않고 또 무엇을 해야 할지를 알지도 못한 채 잠시 집안을 오르락내리락 계속 왔다갔다 했습니다. 검고 단단한 침대를 만들고 난 뒤 물 단지를 들고 강으로 갔습니다. 그곳 한 목초지에서 보아하니 늘 그곳에 가는 것 같은 얼굴을 가린 두 여인에게 구애하는 제 주인을 보았습니다. 많은 여인들은 여름의 이른 시각이면 으레 아무 것도 없이 맑은 공기를 마시며 점심을 먹으러 그 상쾌한 강변을 거닐었는데 그곳 귀족들의 풍속으론 서로를 믿기 때문에 누구와 함께 나오지 않았습니다.

말씀드렸듯이, 제 주인은 그녀들 사이에서 오비디우스가 쓴 것보다 더욱 달콤한 시들을 읊으면서 마시아스라도 된 척하고 있었습니다. 하지만 그녀들은 그의 시에 깊이 감명받았기에 그 당연한 대가로 관습대로 그에게 함께 식사할 것을 제의하는 데 부끄러움을 느끼지는 않았습니다. 주머니는 텅 비고, 위는 점점 따뜻해 오는 것을 느끼면서 그는 오한이 드는 것을 느꼈는지 혈색이 창백해지고 이야기 내용이 흐트러지고 쓸데없는 변명을 늘어놓기 시작했습니다. 교육을 잘 받은 그녀들은 그가 병이 들었다고 생각했기 때문에 그냥 내버려두었습니다.

저는 양배추 줄기로 아침을 때웠습니다. 그리고 새로운 시종이기에 주인에 대해 아무 것도 보지 않은 것처럼 부지런히 집으로 돌아왔습니다. 집안을 청소하려고 생각했지만 도대체 무엇으로 해야 할지 찾아볼 수 없었습니다.

저는 다시 무엇을 할 것인가를 생각하면서 그가 운 좋게 먹을 것을 갖고 온다면 하는 기대로 주인을 기다리며 반나절을 보냈습니다. 하지만 제 경험에 의하면 그건 부질없는 기대였습니다.

두 시가 되어도 그는 오지 않았고 허기가 저를 괴롭혔습니다. 저는 문을 잠그고 그가 말했던 곳에 열쇠를 놓고 다시 제 일을 하러 갔습니다. 아주 큰집이라고 생각되는 집 문간에 서서 낮고 병든 목소리로 손을 내밀고는 빵을 구걸했습니다. 저로서는 이 일이 젖 먹던 시절부터 익히 알고 있는 일이었던 것입니다. 위대한 스승인 장님에게서 배웠으며 훌륭한 제자라고 할 수 있을 만큼 되어서 그를 떠났고, 비록 이 마을에는 자비도 없고 오랫동안 있지는 않았어도 네 시가 되기 전에 이미 저는 옷속에 많은 빵을 집어 넣고 있었고, 뿐만 아니라 소매와 품속에도 두 개가 더 있었습니다. 전 다시 집으로 돌아왔으며, 내장 파는 가게를 지날 때 주인 아주머니에게 그것을 구걸하자 익힌 내장 조금과 송아지의 발톱조각을 주었습니다.

제가 집에 도착하니 주인은 이미 집에 들어와 망토를 접어 벤치 위에 올려놓고 정원을 거닐고 있었습니다. 제가 들어오자 그는 제게로 왔습니다. 전 그가 늦은 것을 꾸짖으려 한다고 생각했습니다. 그러나 신께선 일을 더 훌륭히 만드셨습니다. 그는 어디서 오는 길이냐고 물었습니다. 제가 대답했습니다.

"나리, 두 시까지 나리가 돌아오시길 기다려도 오시질 않아서 도시로 사람들에게 구걸하러 갔었어요, 이것 보세요. 그들이 준 거에요."

옷자락에서 가져온 빵과 내장을 그에게 보여줬더니 그는 안색을 바꾸면서 말했습니다.

"식사하려고 널 기다리다가 네가 오지 않아 그냥 먹었단다. 하지만 넌 그 음식에 대해서 사람으로서 잘한 일이다. 훔치지 않고 하나님의 이름으로 구걸하는 게 훨씬 더 가치 있단다. 그런 식으로 나를 도우니 좋아 보이는구나. 그리고 나의 명예를 위해서이니 네가 나와 함께 사는 것을 사람들이 모르도록 했으면 좋겠구나. 이 마을에서는 날 잘 모르기 때문에 비밀이 지켜지리라 믿지만 말이다."

"그것에 대해선 염려 마세요, 나리. 아무도 그런 이야길 제게 요구하지 않고, 저도 하지 않을 테니까요."

라고 제가 말했습니다.

"그럼, 됐다. 먹도록 해라. 하나님의 돌보심이 있으면 곧 우린 좋아질 거야. 하지만 이 집에 들어온 후에 난 결코 잘 지내본 적이 없단다. 집터가 좋지 않음이 분명해. 터가 좋지 않아서 불운한 집들이 있지. 그래서 거기에 사는 사람에게 불운이 오게 되지. 이 집이 바로 그런 집임에 틀림없어. 이 달은 채우겠지만 이집이 내 것이 된다 해도 난 머물지 않겠다고 맹세한다."

저는 의자 끝에 앉았습니다. 대식가가 아니므로 간식은 먹지 않았습니다. 그리고 저의 그 내장과 빵으로 저녁을 먹기 시작하면서 모르는 척 불행한 저의 주인을 쳐다보았습니다. 그의 눈은 음식을 담은 저의 옷자락에서 떠나질 않았습니다. 저는 그에게 커다란 연민을 느꼈습니다. 왜냐하면 저도 그가 지금 느끼고 있는 것을 느꼈던 적이 있고, 그로 인해 여러 번 일어났던 일, 지금도 매일매일 일어나는 일을 떠올렸기 때문이었습니다.

저는 그하고 같이 먹으면 좋을까도 생각했지만 그가 먼저 제게 자신은 저녁을 이미 먹었다고 했기 때문에 그 제안을 받아들이지 않을 거라고 생각했습니다.

더 좋은 음식도 있었고 저도 그때보다 배도 덜 고팠기 때문에 결국, 저는 그 죄인이 일전에 아침 먹을 때처럼 그 스스로 제 일을 돕길 기대할 수밖에 없었습니다.

하나님께서는 제 소원을 들어주기로 하셨고 심지어는 그것이 하나님의 뜻이라고까지 생각했습니다. 왜냐하면 제가 식사를 하기 시작하자 그는 왔다갔다 거닐다가 제게 와서는 이렇게 말했습니다.

"라사로, 식사하는 데 있어서 아무도 네가 그러리라고 생각 못할 만큼 아주 훌륭히 예의를 갖추는구나. 식욕이 없던 사람에게도 식욕을 돋우도록 하며 먹으니 말이야."

"훌륭한 예의를 갖춘 건 당신이지요. 그 때문에 내 것을 더 좋게 보이도록 만드니까요."

라고 저는 혼자 이렇게 중얼거렸습니다. 그렇지만 그를 도와줄 생각이었으므로 그것을 위해 난 길을 터주고 이렇게 말했습니다.

"나리, 훌륭한 재료는 훌륭한 작품을 만듭니다. 이 빵은 아주 맛있고 저 송아지 발톱은 아주 잘 익고 감칠맛이 있어요. 그러니 그 맛을 보지 않겠다고 할 사람이 어디 있을까요?"

"송아지 발톱이라고?"

"네, 나리."

"네게 말하는데 그건 세상에서 가장 훌륭한 한입거리 식사건만, 나처럼 그걸 모르는 사람도 많단다."

"그러니 한번 맛을 보세요. 나리, 그 맛이 어떤지 알 수 있을 거에요."

저는 발톱과 3~4인분 몫의 가장 하얀 빵을 그에게 주었습니다. 그는 제 옆에 앉아서 그걸 원했던 사람처럼 한 조각 한 조각을 커다란 개보다 더 열심히 갉아 먹기 시작했습니다.

"이건 양념을 해서 익힌 음식이구나."

하고 그가 말했습니다.

"아주 맛좋은 양념을 한 것이지요."

제가 얼른 대답했습니다.

"맙소사, 마치 내가 오늘 한입도 먹지 못했다는 듯이 생각하는구나!"

"내겐 이렇게 훌륭한 동냥이 있는 날인데!"

저는 혼자 중얼거렸습니다.

그는 제게 물 단지를 요구했고 저는 아까 떠다 놓은 물을 갖다 주었습니다. 그에게 물이 부족하지 않았으니, 이건 그가 음식을 충분히 먹었다는 증거였습니다. 우린 물을 마시고 아주 만족하여 지난밤처럼 잠자리로 갔습니다. 그리고 따분함을 면하려고 그 죄인은 아침이면 그때처럼 그런 태도와 걸음걸이로 바람을 쐬러 거리로 나갔고 가련한 저 라사로는 구걸을 하여 이런 식으로 8~10일을 지냈습니다. 제가 모셨던 그 치사한 주인들로부터 도망 나와 좀더 나은 주인을 찾아다니던 일, 저를 부양하지 않아도 제가 그를 부양해준 주인과 만났던 일 등 저는 이미 여러 차례 재난을 겪었습니다.

그에겐 가진 것도 없고 더 이상 가질 수도 없지만 저는 그가 좋았습니다. 그리고 그에게 적개심보다는 연민을 느꼈습니다. 그가 머물고 있던 집에서 함께 지낸 것도 꽤 여러 날이었고 그때마다 궁핍한 밤을 보내야 했습니다.

어느 날 아침, 그 가련한 자가 셔츠바람에 일어나더니 용변을 보기 위해 집꼭대기로 올라갔습니다. 그 사이 저는 의심을 풀기 위해 그의 머리맡에 있는 조끼와 양말을 뒤져보았습니다. 그랬더니 거기에는 오랫동안 지니고 있었던 것처럼 보이는 흔적도 없고 한 푼의 동전도 없는 꼬깃꼬깃한 빌로도로 만들어진 주머니가 있었습니다.

저는 이렇게 중얼거렸습니다.

'가련한 사람, 어느 누구도 가진 게 없으면 줄 수가 없는 거야. 그러나 그 탐욕스러운 장님과 인색한 성직자, 하나님께서는 이 둘 다에게는 끼니를 벌 수 있게 해주셨지만 그들은 날 굶어죽이려 했지. 그들을 좋아할 수 없고 지금 이 사람을 동정하는 건 공평한 일이지.'

오늘날 하나님께서는 그 점잖은 차림과 걸음새를 가진 어떤 사람과 제가 만나던 날의 증인이시고, 그가 고통스러워하는 것을 보았던 저는 그가 그 고통을 참고 있다는 것을 생각하며 그에게 연민을 느낍니다. 그의 절대적 가난과 더불어 제가 말씀드린 사실 때문에 다른 사람들보다 그를 더 잘 섬긴 것은 물론입니다.

다만 그에게 약간의 불만은 있었습니다. 그가 그렇게 자존심이 많지 않고 공연히 필요한 것만 많아지는 그런 자존심을 좀 낮추었으면 하는 것이 제 바람이었습니다. 그렇지만 아무리 생각해봐도 그것은 이미 그의 몸에 밴 습관이었습니다. 수중에 한 푼의 돈도 없을지라도 그는 분명 그 점잖은 모자를 그대로 쓰고 걸으려 할 것이었습니다. 그 못된 버릇은 하나님께서 못하게 하지 않는 한 죽을 때까지 계속될 것입니다. 저는 그런 상태에서 제가 말씀드렸던 그런 생활을 하면서 저를 쫓아다니는 불운도 운이 다하여 더 이상은 고달프고 부끄러운 생활이 지속되지 않기를 바랐습니다. 그해는 흉작이었기 때문에 다른 지방 출신의 거지들이 시청 앞에서 얼씬거리다 걸리면 모조리 매질에 처하겠다는 법률이 제정되었습니다. 그렇게 하여 방이 붙은 나흘 후부터 그 법률은 실행되었고 저는 거지들을 매질하면서 네거리를 끌고 다니는 행렬을 보곤 했습니다. 그 광경은 제게 큰 공포감을 불러 일으켰고, 그 결과 감히 법률에 어긋나는 구

걸행위를 할 수 없었습니다. 제가 사는 곳에서 볼 수 있는 것이라고는 우리 집의 굶주림과 그 집에 사는 사람들 ― 주인과 나 ― 의 슬픔과 침묵뿐이었습니다. 우린 이삼일 동안 한 톨도 먹지 못하고 말도 않고 지내게 되었습니다. 면방직공인 우리 이웃에 사는 몇몇 여자들이 저를 먹여 살려 주었습니다. 저는 그녀들과 이웃으로서 친분을 맺고 있었습니다. 그녀들은 동정심으로 제게 무언가 먹을 것을 가져다 주었고 저는 그 오래 묵은 음식으로 연명해 나갔습니다.

저는 지난 여드레 동안 제법 음식을 먹으면서 지내온 우리 주인님이 스스로를 동정하는 것 만큼 그렇게 저 스스로에게 연민의 정을 느끼지는 않았습니다. 우린 그런대로 먹지 않고 집에서 잘 지냈습니다. 저는 어떻게 어디를 걸어다녔는지, 그리고 무엇을 먹고 살았는지 잘 모르겠습니다.

훌륭한 혈통의 개보다 더 널찍한 보폭을 유지하면서 씩씩한 태도로 정오의 거리를 걸어오는 그를 보다니! 그 잘난 자존심 때문에 그는 집에 먹을 게 없어 잇빨에 낀 것도 없는데 지푸라기로 이를 쑤시며 항상 집터가 나쁘다고 불평하면서 문을 나서곤 했습니다.

"악마가 보고 있어, 이 집의 불행이 그걸 만들지. 네가 보다시피 어둡고 음산하고 침울해. 우리는 여기서 지내는 동안 병에 걸리고 말거야. 빨리 이 달이 차서 이 집에서 나갔으면 좋겠구나!"

이런 괴롭고 배고픈 고역 속에서 지내던 어느 날, 불행인지 다행인지 모르지만 1레알이 제 주인의 수중에 들어왔습니다. 그걸 갖고 그는 베네치아의 보물이라도 얻은 듯 아주 의기양양해서 집으로 돌아왔습니다. 그리곤 매우 즐겁고 흐뭇한 표정으로 제게 그걸 주며 이렇게 말했습니다.

"받아라, 라사로. 하나님께서 이제 그의 손을 내미시는구나. 시장으로 가서 빵과 포도주와 고기를 사거라. 악마를 짓밟아 버리자꾸나! 네가 기뻐할 사실 하나를 더 알려주지. 내가 다른 집을 얻었단다. 이 처참한 집에서 이 달만 차면 더 이상 살지 않아도 돼! 저주받은 집, 이 집에 사는 사람은 저주와 함께 들어왔지. 이 집에 사는 동안 난 고기도 포도주도 먹지 못했으며 휴식 한 번 제대로 못했지. 하지만 그런 생활, 그런 암흑과 슬픔! 가라 빨리 가거라. 우리 오늘은 백작처럼 먹자꾸나!"

저는 1레알과 항아리를 갖고 발걸음을 재촉해 시장으로 난 오르막길을 매우 기분 좋고 만족스러운 기분으로 오르고 있었습니다. 그러나 괴로움 없는 어떤 행운도 주어지지 않는 나의 슬픈 운명에 이런 일이 있을 수 있겠습니까? 역시 아니나 다를까였습니다. 왜냐하면 오르막길을 오르면서 이 돈은 가장 유용하고 훌륭하게 사용될 것이라는 생각을 하고 제 주인에게 이 돈을 갖게 해준 하나님께 한없는 감사를 드리며 가는데 갑자기 죽음과 맞닥뜨리게 된 것입니다. 거리 아래쪽에 많은 승려들과 사람들이 걸어오고 있었습니다.

저는 그들에게 길을 내주기 위해 벽에 붙어 섰습니다. 시체가 지나가고, 상복을 입은 부인인 듯한 여자와 다른 많은 여자들이 함께 지나갔는데 그녀는 큰소리로 이렇게 울부짖으며 갔습니다.

"여보, 나의 남편, 당신을 어디로 데려가는 겁니까? 그 슬프고 비참한 집으로, 그 암울하고 어두운 집으로, 먹을 것도 마실 것도 없는 집으로라니!"

그 말을 듣는 순간 제게는 하늘과 땅이 붙어버리는 것만 같았습니다.

'오, 이런 불행이! 우리 집으로 이 시체를 운반하고 있잖아!'

저는 가던 길을 되돌아서 사람들 사이를 헤치고 집을 향해 전력으로 거리 아래로 뛰어 내려갔습니다. 집에 들어서면서 아주 급히 문을 잠그고는 제 주인의 도움과 원조를 요청하며 그를 껴안고 저를 돕고 문 입구를 지킬 것을 호소했습니다. 놀란 주인이 이상하다는 듯이 말했습니다.

"무슨 일이냐? 무슨 말이냐니까? 뭐하니, 응? 뭐 때문에 그렇게 문을 꼭 잠그지?"

"오, 나리, 이리로 쫓아와요. 저기 시체를 우리에게로 가져온다니까요!"

"뭐가 어째?"

"저 위에서 제가 봤는데, 그 여자가 이렇게 말하며 이리로 와요.《여보, 내 남편, 어디로 가는 거예요? 그 슬프고 비참한 집으로, 그 암울하고 어두운 집으로, 먹을 것도 마실 것도 없는 집으로라니!》나리, 바로 우리에게 운반해 오는 거잖아요."

제 주인은 제 말을 듣고는 무엇이 그렇게 즐거운지 말도 못하고 한참 동안 웃기만 했습니다. 그 순간에도 저는 문에 빗장을 걸고 더 단단히 잠그기 위해 어깨로 빗장을 누르고 있었습니다. 사람들은 시체를 갖고 지나가 버렸지만 저는 여전히 그들이 집으로 들어올 것을 걱정했습니다. 사람 좋은 제 주인은 먹는 것보다도 훨씬 더 실컷 웃고 나더니 제게 말했습니다.

"맞다, 라사로. 그 과부가 말하며 가는 것에 의하면 네가 그렇게 생각할 만도 하구나. 그러나 하나님께서 더 훌륭히 처리하실 게다. 이 앞을 지나갔으니 문을 열도록 해라. 문을 열고 먹을 것을 사러가도록 해라."

"가만있어 보세요. 나리, 그들이 거리를 빠져나가거든요."

결국 제 주인이 용기를 북돋으면서 문을 열고 저를 다시 내보냈습니다. 비록 그날 잘 먹긴 했지만 그날 음식 맛만은 별로 좋지 않게 느껴졌습니다. 그 후 사흘 동안 저는 혈색조차 돌아오질 않았습니다. 그리고 제 주인은 그때의 일을 떠올릴 때마다 매우 즐거워했습니다.

이런 식으로 저는 하급귀족인 가련한 세 번째 주인과 지내면서 그가 왜 이 땅에 들어와 살게 되었는지를 궁금해하게 되었습니다. 왜냐하면 그와 처음 만난 이후부터, 줄곧 그가 이 나라 태생이면 당연히 알아야 할 지식과 예의를 잘 모르는 걸 보고 그가 외국인인 줄 알았기 때문입니다. 마침내 제 궁금증은 풀리고 알고 싶었던 것을 알게 되었습니다. 기분 좋으리만큼 식사를 했던 어느 날, 그는 만족한 상태였고 제게 그의 재산을 이야기했으며 자기는 옛 까스띠야 지방 출신이며, 그의 이웃이 기사 앞에서 모자를 벗지 않았기 때문에 고향을 버렸다고 말했습니다.

"나리."

제가 말했습니다.

"그가 주인님 말씀대로 기사라면, 또 나이도 더 많다면 주인님이 먼저 모자를 벗지 않는 게 잘못 아니에요? 왜냐하면 그도 모자를 벗는다고 말했잖아요."

"그래, 그 자는 기사인데다 나이도 나보다 많았지. 하지만 여러 번 내가 먼저 모자를 벗었으니 가끔은 그가 좀 신경을 쓰고 먼저 좀 모자를 벗었어도 괜찮았을 텐데."

"나리, 그건 그렇게 생각하면 안 될 것 같은데요. 전 대부분 저의 윗사람이나 나이 많은 사람들한테도 그러는데요."

"넌 아이잖니, 그리고 명예라는 것이 무엇인지 잘 모르지. 요즘

세상에는 잘 배운 사람들의 모든 자산은 명예와 관련되어 있단다. 네가 알다시피 내가 귀족이라는 것을 네게 알게 해주지. 네 앞에서 하나님께 맹세하지만 거리에서 백작을 만났는데 모두가 벗는 모자를 그가 벗어 보이지 않는다면 다음 번에 그를 만나게 되면 그가 내게 가까이오기 전에 난 다른 볼 일이 있는 척하며 집으로 들어가 버리던가 아니면 다른 길이 있으면 다른 길로 가로질러 가지. 귀족이란 하나님과 국왕 앞에서 말고는 다른 사람 앞에서 모자를 벗어서는 안 되지만, 교육을 잘 받은 사람으로서 자신의 인격을 존중하는 일을 한순간이라도 소홀히 하는 것은 옳지 않단다. 내 고향에서의 어느 날이었지. 내 고향에서 한 관리에게 결례를 한 기억이 나는구나. 난 혼내줄 생각이었어. 그는 날 보면 늘 이렇게 말하곤 했기 때문이야. 《당신에게 신의 가호가 있길.》 그래서 난 그에게 이렇게 말했지. 《이런 버릇없는 양반아, 어떻게 그렇게 배워먹었소? 누구에게나 그렇듯이 내게도 "신의 가호가 있길"이라고 말해야 하겠소?》 그 이후론 어디서건 그는 모자를 벗고 자신이 해야 할 인사를 건네더구나."

"그럼, 한 사람이 다른 이에게 《신의 가호가 있기를》이라고 말하는 인사가 옳지 않다는 말인가요?"

하고 제가 말했습니다.

"들어봐라 얘야! 배우지 못한 사람들이나 그렇게 말하지. 그러나 나처럼 품위 있는 사람들은 적어도 그들이 그렇게 말하도록 두지는 않지. 내게 말하는 사람이 신사라면 이렇게 말하는 거란다. 《선생님, 당신 손에 키스하게 해주세요.》 혹은 최소한 《당신 손에 입을 맞추럽니다. 나리.》 그러기에 고향 땅에서 누군가가, 내게 《신의 가호가 있기를》이라 말하는 것을 더 이상 참을 수 없고, 그건 지금도, 앞으로도 마찬가지일 게다."

라고 그가 말했습니다.

"아, 이럴 수가!"

제가 말했습니다.

"그래서 주인님은 먹고 사는 것에 그다지 관심을 쓰지 않고 버릇없이 구는 사람들을 견디지 못하시는 거로군요."

그가 말했습니다.

"난 고향에 몇 채 정도의 집터도 없는 그런 가난한 사람이 아니야. 내가 태어난 곳에서 바야돌리드의 비탈길로 16레구아 정도 가다 보면 잘 지은 튼튼한 집들이 있지. 크고 훌륭하기로 말하자면 천 마라베디보다 훨씬 더 가치 있지. 그리고 매년 이백 마리 이상의 비둘기 새끼가 태어나는 비둘기 집을 갖고 있지. 그리고 내가 말하지 않는 다른 것들은 나의 명예에 관한 문제니 그만두겠다. 난 이 도시에서 좋은 일자리를 찾을 수 있으리라 생각하고 왔지, 하지만 생각한 것처럼 되지 않더구나. 교회에서 일할 수 있었으면 하고 찾아봤지만 그것으로 뽑힐 수 있는 사람은 매우 한정된 사람이지, 또 중산층 기사들이 내게 봉직하기를 요구하기도 했지만 이들을 모신다는 건 쉽지 않은 일이야. 왜냐하면 다재다능해져야하기 때문이란다. 그렇지 않으면 그들은 《가보시지》라고 말하거든. 대개는 급여도 장기 지불이고 어떤 때는 음식으로 갚지, 이제, 그들이 양심을 고쳐 너희의 땀에 대해 보상하기를 원한다면 너희는 땀에 젖은 조끼, 또는 닳아빠진 망토나 겉옷 등 입던 옷으로 지불받지. 어떤 사람이 작위를 가진 신분 높은 사람과 함께 한다 하더라도 그의 빈곤은 계속된단다. 그럼, 내게는 이러한 사람들을 만족시키고 봉사할 능력이 없는 걸까? 운 좋게 그런 사람을 만난다면 난 그의 총애자가 되어 그에게 별별 봉사를 다할 생각이다. 왜냐하면 나도 다른 사람처럼 그를 속일 줄도 알고 감쪽같이 그의 마음에 들 수 있는 방법도 알거든. 그의 행동이나 태도 등이 그리 훌륭하지 않더라도 과장해 감탄하면 되지. 그리고 아무리 그에게 의무를 다하는 일일지라도 그를 언짢게 하는 말은 결코 하지 않을 거야. 말과 행동에 있어서 스스로 아주 부지런해질 거야. 그가 알지 못한다 하여 일을 열심히 하지 않는 따위의 행동으로 나 스스로를 망치지는 않겠어. 다른 하인들과 함께 꾸짖음도 듣겠어. 그래야 그를 섬기는 일에 아주 열의를 가진 것처럼 생각될 테니까. 그가 그의 어떤 하인을 꾸짖는다면 잘못한 사람의 편인 것처럼 보이면서도 주인의 화를 부채질하겠어. 정말 그에게 잘하는 사람이면 그에 대해 좋게 말하겠지만, 그와 반대로 집안에 있거나 밖에 있는 자들에게 심술궂고 못되게 군다면 그 말을 해서 그들이 어떤 사람인지 헤아릴 줄 알게 해줄 거야. 요즘은 많은 귀족들이 자신의 성에서 사람을 부리고 있어. 성품 좋은 사람들은 자기집의 덕망있는 자를 두려워하지 않아. 예전에는 그런 사람들은 싫어하고, 얼빠진 놈들이라 불렀는데, 그런 자들은 영리하지도 않고 주인 입장에서는 별로 신경쓰지 않아도 될 사람이지. 교활한 자들이 요즘에 와서 내가 말한, 내가 사용하려던 것을

이용하지. 내게는 내가 말한 것을 발휘할 만한 사람을 발견할 행
운도 오지 않고."

이런 식으로, 저의 주인은 자기라는 사람의 인격에 대해 제게 이야기
해주며 그의 어긋나는 운명을 한탄했습니다.

이러고 있는데, 어떤 남자와 한 노파가 들어왔습니다. 그 남자는 그에
게 집세를 요구했고 그 노파는 침대 값을 청구했습니다. 그들은 계산한
후, 그가 일년 동안 지불하지 않은 것을 두 달 내에 지불하라고 했습니
다. 아마 12내지 13레알 정도였다고 생각됩니다. 그러자 그는 아주 기발
한 대답을 했습니다. 그렇지 않아도 두 사람에게 줄 돈을 바꾸러 시장에
나가려던 참이었다면서 오후에 다시 오라 했습니다. 그러나 그는 끝내
돌아오지 않았습니다. 그들은 오후에 다시 왔습니다. 그러나 이미 늦고
말았지요. 저는 그들에게 그가 아직 오지 않았다고 말했습니다. 밤이 되
어도 그가 오지 않자, 저는 집에 혼자 있는 게 무서워서 이웃집에 가서
사정을 말하고 거기서 잤습니다. 아침이 밝았고, 채권자들이 다시 와서
이 이웃에 대해 물었습니다. 그 여인들이 대답했습니다.

"여기 그의 심부름하는 아이가 문 열쇠를 갖고 있어요."

그들은 제게 그에 대해 물었고 전 그들에게 그기 어디에 있는지 모르
며 돈을 바꾸러 나간 뒤로 집에 오지 않았으며, 아마도 돈을 바꿔서는 그
냥 떠나가 버린 것 같다고 말했습니다. 이러한 제 말을 듣더니, 그들은
경찰과 공증인을 부르러 갔습니다. 잠시 후에 그들과 함께 다시 와서 저
와 증인들을 부르고 열쇠로 문을 열었습니다. 그리고는 제 주인이 빚을
갚을 때까지 그의 재산을 차압하러 들어갔습니다. 그들은 온 집안을 누

비며 재산이 될 만한 것을 찾다가 제게 말했습니다.

"네 주인의 재산은 다 어떻게 됐지? 궤짝이며 벽걸이 수건이며 집안의 보석 따위 말이야."

"난 그런 거 몰라요."

제가 대답했습니다.

"분명, 오늘 밤 어디 다른 곳으로 옮겨다 숨긴 게 틀림없어요. 경찰 선생님, 이 아이를 체포하세요. 애는 어디에 있는지 알 거예 요."

라고 그들이 말했습니다. 그러자 경찰이 와서는 제 손을 끈으로 묶으며 이렇게 말했습니다.

"애야, 네 주인의 재산을 찾지 못하면 넌 체포된단다."

다른 곳에서 이런 일을 겪어보지 못했던 저는 ― 멱살을 잡힌 거야 수 차례, 셀 수도 없지만 앞날도 알 수 없는 채 이렇게 묶이는 것은 처음이어 서 ― 너무 무서워서 울면서 그들이 묻는 것을 말하겠다고 약속했습니다.

"좋다, 그럼 무서워하지 말고 네가 아는 것을 전부 말해봐라."

그들이 말했습니다. 공증인이 재산이 무엇인가를 물어보며 재산목록 을 적기 위해 의자 위에 앉았습니다.

"선생님들, 그가 제게 말해준 것에 의하면 제 주인이 가진 것은 매우 훌륭한 집터와 허물어진 비둘기집이지요."

라고 제가 말했습니다.

"좋아."

그들이 대답했습니다.

"그 정도면 빚을 갚을 만하구나. 근데 그건 이 도시의 어느 곳에 있지?"

"그의 고향 땅에요."

"다행히 일이 잘 되어 가는군, 그의 고향은 어디지?"

그들이 대답했습니다.

"그는 옛 까스띠야 지방에서 왔다고 했어요."

제가 말했습니다.

경찰과 공증인이 크게 웃더니 말했습니다.

"이 정도 진술이면 당신들 빚을 받아내기에 충분할 거요."

함께 있던 이웃 여인네들이 말했습니다.

"선생님들, 얘는 아무 것도 모르는 어린애이고 이 집의 시골귀족과 지낸 것도 며칠밖에 되지 않아요. 그래서 당신들보다 더 많이 아는 것도 없고 이 불쌍한 아이가 우리 집에도 여러 번 찾아왔지요. 그러면 우린 하나님의 사랑으로 우리가 할 수 있는 만큼 먹을 것을 주곤 했어요. 그리곤 밤이면 그와 자기 위해 가버렸어요."

저에게 죄가 없다고 인정한 그들은 저를 놓아주었으며 경찰과 공증인은 그 남자와 여자에게 수수료를 청구했습니다. 그것에 대해 그들 간에 커다란 입씨름과 소란이 있었습니다. 왜냐하면 그들이 어떤 것도 차압하지 못했으니 지불할 의무가 없다고 주장했기 때문이었습니다. 다른 두 사람은 거기에 오느라고 다른 중요한 일도 포기했다고 말했습니다.

결국, 여러 번 큰 소리가 난 후에, 순경이 그 노파의 낡은 모포를 떠맡기로 했습니다. 그들 다섯은 소리소리 지르며 그곳을 떠났습니다. 그리곤 어떻게 됐는지 저도 모릅니다. 제 생각엔 그 모포가 모두에게 지불되었을 것 같습니다. 그리하여 지난 일로부터 휴식을 취할 시간이 되었기에 조용히 물러났습니다.

그렇게 해서 제가 말씀드렸던 것처럼, 저의 가난한 세 번째 주인은 저를 버린 것이고 여기서 저의 구질구질한 이야기를 끝내려고 합니다. 그저 모든 것은 제게 불리하게 일어나며 저의 일은 항상 반대로 되어 버린다는 것을 말씀드리면서요. 주인들이 종종 도망친 심부름꾼 아이를 포기하긴 하지만, 제게 있어선 그런 것이 아니고 오히려 주인이 저를 버리고 제게서 도망해 버렸으니까요.

Tratado Cuarto

* *
라사로가 메르세드 교단의 신부와 함께 정착하게 된 경위와 그가 겪은 일들

저는 네 번째 주인을 찾아야만 했고 여인들이 가르쳐 준 대로 가서 메르세드 교단의 신부를 새 주인으로 맞게 되었습니다. 그녀들은 이 분을 남편이라고 불렀습니다. 이분은 교회당에서 식사하는 것을 무척 싫어하셨고, 반면에 세속적인 일과 방문을 무척이나 좋아했으며, 밖으로 돌아다니는 데 정신이 팔려 있었습니다. 그래서 그가 모든 수도원 사람들이 닳는 신발의 양보다 더 많은 신발을 닳아 없앴을 것이라 생각합니다. 또한 이 분은 제 생애에 있어서 처음으로 신발이 닳아 없어지게 만드신 분이었습니다. 그러나 제게는 8일 이상 이런 일이 지속되지 않았습니다. 그의 활보를 더 이상 함께 지속할 수 없었기 때문입니다. 이런 이유로 인해, 또 지금은 말씀드릴 수 없는 어떤 다른 일로 인해서, 저는 그로부터 도망쳤습니다.

Tratado Quinto

5

** 라사로가 면죄부 파는 사람 곁에 정착하게 된 경위와 그가 겪은 일들

제 삶의 모험에 있어 다섯 번째로 모신 사람은 면죄부 판매자였는데 그는 가장 느긋하며 뻔뻔스런 성격의 소유자였습니다. 가장 면죄부를 많이 뿌린 사람으로 제가 결코 만날 생각도, 기대도 하지 않았던 사람이었고, 어느 누구도 본 적이 없던 그런 사람이었습니다. 왜냐하면 매우 교활하고도 허구적인 방법을 개발해 갖고 있었기 때문이었습니다.

면죄부를 팔아먹을 마을에 들어가면 먼저 성직자들이나 수도승에게 별 가치도 없는 것들을 주었습니다. 예를 들면 무르시아의 상치, 만약에 제철이라면 사탕 구연 열매나 오렌지 두 알, 복숭아, 복사 열매 두 알, 그리고 푸른 배나무 같은 것을 각각 하나씩 준 것이지요. 그렇게 하여 그들에게 친절하게 호의를 베풀려고 노력했습니다. 왜냐하면 그들이 자신의 일을 도와 그들 신도들이 면죄부를 받을 수 있도록 소집시키기 위해서였습니다. 그들은 그에게 감사하고 신도들이 충분히 모였다고 알려주었습니다. 장해가 없도록 하기 위해서 그들이 알아듣도록 라틴어로 얘기하지 않고 대신 세련되고 잘 짜여진 로만세와 아주 명쾌한 언어를 사용

했습니다. 만약 앞서 말한 성직자들 교적 이전명장이나 학식보다는 돈으로 성직자가 된 자들이라는 걸 알았더라면 아마도 성 토마스라도 된 척하며 라틴어로 두 시간 정도는 떠들어댔을 것입니다. 비록 실제는 아닐지라도 최소한도로 그렇게 할 수 있을 것으로 보였습니다.

착해서 면죄부를 줄 수 없을 때는, 면죄부를 받도록 악한 면을 찾아냈습니다. 그러기 위해서 그는 사람들을 귀찮게 했고, 여러 번 교묘하게 궁리했습니다. 그가 행한 모든 행동을 다 얘기하자면 너무 길어지므로 매우 교묘하고 기발한 것 하나만 얘기할 터인데 그것으로도 충분히 증명될 것입니다.

그는 톨레도의 사그라라는 곳에서 숙련된 민첩함으로 2~3일간 연설을 했었으나 사람들로 하여금 면죄부를 사도록 만들지는 못했습니다. 제가 보기에 그들은 면죄부를 받을 생각조차 없었던 것 같았습니다. 어떻게 할까 생각하던 그는 악마에게 빠져서 면죄부를 뿌리기 위해서 다음 날 아침에 마을 사람을 초대해야 겠다는 생각을 하기에 이르렀습니다.

이날 밤 식사 후에 그와 치안관은 간식을 먹기 시작했습니다. 간식 후 그들은 어쩌다 다투게 되었고 서로 욕지거리를 해댔습니다. 그는 치안관더러 도둑이라 했고, 치안관은 그더러 사기꾼이라 했습니다. 그러고 나서 저의 주인인 위원나리는 현관에 있던 투창을 잡았고, 또한 치안관은 그의 허리에 차고 있던 칼에 손을 가져갔습니다. 우리들이 낸 소음과 소리로 손님들과 이웃사람들이 몰려들었고 싸움에 끼어들었습니다. 두 사람은 매우 화가 나서 서로 죽이겠다며 사이에 끼어든 사람들을 몰아내려고 애썼습니다. 그러나 이 요란한 소리에 사람들은 법석을 떨었고, 그 집은 사람들로 가득 찼습니다. 무기로는 대항할 수 없다는 것을 안 그들은 욕지거리를 해댔습니다. 그 욕지거리 중에 치안관은 제 주인이 사기꾼이고, 면죄부는 모두 거짓된 것이라고 말했습니다.

결국, 그들을 진정시킬 수 없다는 것을 안 마을 사람들은 그를 다른 숙박지로 데려가자는 데 합의를 보았습니다. 이렇게 제 주인은 잔뜩 화가 나 있었습니다. 그는 손님들과 이웃들이 화를 식힐 것을 간청한 후에야 잠자러 갔고, 그리고 나서 우리들도 흩어졌습니다.

다음 날 아침 제 주인은 면죄부를 뿌리기 위해 교회로 가서 연설과 미사를 할 수 있도록 부탁했습니다. 마을 사람들이 모여들었습니다. 그는 치안관이 자신에게 대들면서 밝혀낸 것이 어떻게 거짓인가 하는 것을 말하면서, 면죄부에 대해 중얼거리며 돌아다녔습니다. 마을사람들은 면죄부를 갖고자 하는 의욕도 없는 데다가 그 간의 모든 일 때문에 그를 증오까지 했습니다.

제 주인은 연단에 올라가 설교를 하기 시작했고, 신성한 면죄부가 가져오는 사면과 선함을 지니도록 사람들에게 용기를 주기 시작했습니다. 설교가 한창일 때 교회 문을 통해 치안관이 들어왔습니다. 그리고는 일어서서 높고 침착한 목소리로 진지하게 말하기 시작했습니다.

"선한 사람들이여, 내 말 한 마디만 들으시오. 그리고 난 후에 그대들이 원하는 사람의 말을 들으시오. 나는 당신들에게 연설하는 이 사기꾼과 함께 여기에 왔습니다. 그는 나를 속였습니다. 그리고 자신의 일을 돕게 하고 이익을 나누어 갖자고 얘기했습니다. 내 양심과 당신들의 재산에 대해 행해진 피해를 보고, 행한 일에 대해 후회하면서 명백히 밝히겠는데, 그가 말한 면죄부는

거짓이므로 당신들은 그를 믿지도 면죄부를 사지도 마시오. 직접
적이든 간접적이든 나는 그들과 공모자가 아니며 지금부터 나의
직책을 버리겠소. 만약 언젠가 이자가 벌을 받고 당신들이 벌을
받게 된다면, 그대들은 내가 그와 한패가 아니라는 것을, 또 그에
게 도움도 주지 않았음을 밝히는 데 있어 나의 증인이 되어 주십
시오. 당신들이 속기 전에 나는 그의 악함을 밝히는 것입니다."

그의 말이 끝났습니다. 그곳에 있던 명예로운 어떤 이들은 난장판이
될까봐 일어나서 그 치안관을 교회 밖으로 내던지려고 했습니다. 그러나
제 주인은 그들을 말리면서, 모든 사람들에게 그는 반드시 파문의 고통
을 겪을 것이니 그를 말리지 말라고 명령했습니다. 대신 말하고 싶은 것
모두 말하도록 내버려 두었습니다. 그래서 위에서 말씀드린 모든 내용을

치안관이 말하는 동안 저의 주인은 침묵을 지켰습니다.

이후 치안관이 잠자코 있었으므로 제 주인은 더 할 말이 있는지 그에게 물었습니다. 치안관은 당신과 당신의 거짓에 대해 지겨우리만큼 할 말이 많지만 지금 당장은 이쯤으로 족하다고 말했습니다. 저의 주인 의원나리는 연단에 무릎을 꿇고 손을 모아 하늘을 보며 다음과 같이 기도했습니다.

"아무 것도 숨길 수 없고 불가능이 없으시며 당신 앞에 모든 것이 가능한 하나님이시여, 당신은 진실을 아시며 제가 얼마나 부당하게 도전받는지를 아십니다. 이번에는 제가 그것을 용서할 차례입니다. 왜냐하면 당신께서 저를 용서하셨기 때문입니다. 자신이 하는 일이, 말하는 것이 무엇인지 모르는 그를 바라보지 마십시오. 그러나 당신에게 행한 모욕을 당신에게 청하노니, 정당하게 용서치 마시길 바랍니다. 왜냐하면 아마도 그 성스러운 면죄부를 받으려던 이곳의 사람들이 그 치안관의 말을 믿고 면죄부 받는 것을 그만둘지도 모르기 때문입니다. 그렇다면 혹자에게 그 해가 너무도 크게 되니 저는 당신 주님께 그를 용서치 않기를 간청합니다. 언젠가 이곳에서 기적이 행해진다면, 바로 그런 기적이기를 기원합니다. 제가 거짓과 악함을 가져왔다고 그가 말한 것이 사실이라면 이 연단이 저와 함께 붕괴되어 땅속 깊이 파묻혀 다시는 나타나지 않게 하시고, 만약에 제가 말한 것이 사실이라면 악마에게 설득된 그가 이렇게 선한 사람들을 파면하고 방해하기 위해서 악을 말한 것이므로 벌을 받게 하고 모든 사람들이 그의 악함을 알게 하소서."

신앙심 깊은 제 주인의 말이 거의 끝나갈 즈음, 흑심을 품었던 치안관이 실신하여 땅바닥에 크게 부딪혀 온 교회가 울렸고, 으르렁거리면서 입으로 거품을 내뿜고, 몸을 꼬면서 얼굴을 찡그리기 시작했습니다. 손과 발을 땅에 뻗어 여기저기로 땅바닥을 돌며 괴로워했습니다.

사람들의 목소리와 소란이 너무 커서 서로의 말소리를 들을 수가 없을 정도였습니다. 어떤 이들은 놀라 떨고 있었습니다.

어떤 이들은

"주여, 그를 구원하소서."

라고 했고, 다른 어떤 이들은 이렇게 말했습니다.

"이렇게 거짓 증거를 했으니 당해도 싸지 뭐야."

드디어 그곳에 있었던, 제가 보기에는 그다지 공포에 휩싸이지 않은 사람들이 가까이 와서 그의 팔을 묶고, 그 근처에 있던 사람들에게 강한 주먹질을 해댔던 다른 사람들은 그의 다리를 잡아당겼습니다. 왜냐하면 세상에 그렇게 격렬하게 반항하는 거짓된 노새는 없었기 때문이었습니다. 그렇게 오래도록 그를 잡고 있었습니다. 15명 이상의 남자들이 그 사람 위에 앉아 있었고, 그는 손으로 모든 사람에게 대항했습니다. 만약 그들이 부주의했다면 면상에 상처를 입었을 것입니다.

그러는 사이에 저의 주인은 연단에 무릎을 꿇은 채, 손과 눈은 하늘을 응시하고 신성함에 흥분되었고 교회에서 생긴 소란과 울음은 그를 신성한 명상으로부터 떼어놓는 데 아무런 소용이 없었습니다.

그 선한 사람들이 그에게 와서 소리를 질러 그를 일깨웠고, 죽어 가고 있는 그 가련한 사람을 그가 지적한 악함과 지나간 일을 보지 말고 구원해 주기를 청했습니다. 왜냐하면 이미 죄값을 치렀기 때문이었습니다. 그러나 그가 겪고 있는 고통과 위험으로부터 자유롭게 되기 위해 할 수 있는 어떤 것이 있다면 그것은 하나님의 사랑이었습니다. 그들이 그의 선함과 진실과 죄인의 죄를 명백히 보았기 때문이었습니다. 그의 복수와 청원에 하나님은 벌을 연장시키지 않았습니다.

달콤한 꿈에서 깨어나듯 제 주인은 죄인과 주위에 있던 모든 사람을 매우 천천히 둘러보고는 그들에게 말했습니다.

"선한 이들이여, 그대들은 하나님이 그렇게 현저하게 흔적을 남기신 사람을 위하여 결코 기원하지 말라. 그러나 하나님은 우리에게 악을 악으로 갚지 말도록 명하시며, 우리의 부당함을 용서하셨으니 우리는 우리에게 명한 것을 이루도록 신념을 갖고 그에게 청할 수 있습니다. 하나님은 용서하십니다. 성스런 믿음 앞에 방해하며 모욕한 것에 대해서도 우리 모두 그에게 간청합시다."

그 다음 연단에서 내려와서는 선으로써 이 죄인을 용서하도록, 그리고 만약 하나님께서 그 사람의 죄를 대신해서 들어가도록 허락한다면 다시 건강과 올바른 이성을 되찾고, 악마를 내쫓도록 매우 신성하게 간청했습니다. 제단 앞에 성자들과 함께 모두들 무릎을 꿇고 낮은 목소리로 탄원의 기도를 시작했습니다. 그리고 제 주인은 십자가와 성수를 가지고 와서 그에 대해서 노래하는 동안 두 손을 모아 하늘로 향하고, 눈은 거의 흰자가 보이도록 뜬 채 하늘을 향해 신성하다 싶을 정도로 긴 기도를 시작했는데, 그 기도는 예수 수난절 날의 기도문에서 자주 그러했던 것처럼 하나님에게 간청하는 예언자나 신앙심 깊은 청중들 모두를 울렸습니다. 왜냐하면 이 죄인의 죽음 대신에 그가 살아 반성하기를 바랐기 때문이었습니다. 그가 반성하고 죄를 고백하도록 하기 위해서 악마에 빠져 죽을 뻔했던 죄인을 용서하고, 그가 삶과 건강을 되찾기를 바랐습니다.

그 다음 면죄부를 가져오라고 명령했고 머리 위에 그것을 놓았습니다. 그러자 조금씩 치안관의 고통은 사라지기 시작했고, 다시 제정신으로 돌아왔습니다. 그는 기억을 다시 찾자마자 우리 주인의 발밑에 몸을 던지면서 악마의 명령을 받아 그가 입으로 쏟아냈던 말 등에 대해 고백했습니다. 악마는 우선 그에게 해를 입힐 것과 노함에 대해 복수할 것을 명했으며 두 번째로, 악마는 면죄부라는 선 때문에 대단한 고통을 받기 때문에 더 중요한 일, 즉 그의 면죄부 파는 일을 조롱하도록 시켰다고 고백한 것입니다. 저의 주인은 그를 용서했고 그들 사이는 화해한 후 다시 처음처럼 되었습니다. 서둘러 모두들 면죄부를 집어들었고 남편이나 부인이나 아이들이나 종이나 누구든지 면죄부가 없는 사람은 살아있는 사람 중에는 거의 없었습니다. 이 구역에서 일어난 새로운 사건이 널리 퍼져 우리가 다른 구역에 도착했을 때는 마치 무료로 주는 배처럼 사람들이 집으로 찾아왔기 때문에 연설할 필요도, 교회에 갈 필요도 없었습니다.

이런 식으로 우리가 가는 이 주변의 10~12지역에 저의 주인은 연설을 하지 않고도 수많은 면죄부를 뿌렸습니다. 그가 거짓을 말했을 때 저는 제 죄가 놀라 달아났다고 고백했고, 다른 많은 사람들처럼 그랬으리라 믿었습니다. 그러나 제 주인과 치안관의 웃음과 조소를 본 후에는 주인의 기교와 독창력이 얼마나 교묘한 것인가를 알게 되었을 뿐이었습니다.

그 마을 체면을 생각해서 이름은 밝히지 않겠지만, 어쨌든 어떤 마을에서는 이런 일이 있었습니다. 우리 주인이 그 마을에서 두세 번 설교를 했지만 면죄부를 통 팔 수 없었습니다. 일이 이렇게 되자, 우리 주인은 면죄부의 효력이 일년 밖에 되지 않는다고 떠들어댔습니다. 그렇지만 그 말도 소용 없이 도대체 마을 사람들은 면죄부를 사려 들지 않았습니다. 결국 그는 헛수고만 한 셈이 되었고, 마침내 작별을 고하는 마지막 설교를 했습니다.

마을 사람들에게 작별을 고하고 설교를 마친 그는 강단을 내려서면서 서기와 짐을 잔뜩 들고 있던 저를 불렀습니다. 우리가 막 첫 번째 계단을 올라서자, 그는 짐꾸러미 속에 들어있던 면죄부 말고, 손에 들고 있던 면죄부를 받아들고 자기 발치에 내려놓았습니다. 그리고 다시 강단 앞에 서더니 면죄부를 한번에 열 장씩, 또 스무장씩 웃음띤 얼굴로 회중을 향해 흩뿌리기 시작했습니다. 그리고 말했지요.

"오, 형제들이여! 받으시오! 하나님의 은총을 당신들의 가정으로 가져가시오! 기뻐하시오! 이것이야말로 무어인의 땅에 억압되어 있는 우리 기독교도들을 위한 구원의 사역이오! 이 신성한 믿음을 거부한다면 지옥 불에 떨어지고 말 것이오! 여러분의 헌금과 다섯 번의 주기도문과 다섯 번의 성모경으로 그들을 도웁시다! 그들을 감옥으로부터 해방시킵시다! 뿐만 아닙니다. 이 성스러운 면죄부에 써 있듯이, 이것으로 연옥에 있을 여러분의 부모, 형제, 그리고 친지들도 도울 수 있습니다!"

사람들은 그가 면죄부를 마구 흩뿌리는 걸 보면서, 마치 그가 면죄부를 공짜로 나눠주기라도 하는 것처럼 정신 없이 잡아채기 시작했습니다.

심지어는 요람 속의 갓난아기와 이미 죽은 주변사람 등 자식부터 시작해서 별 볼 일 없는 하인의 숫자까지 손가락으로 세어가며 면죄부를 집어챙긴 것입니다. 사람들이 얼마나 아우성을 치며 달려들었던지, 제 낡고 보잘 것 없는 겉옷이 하마터면 찢어질 뻔했을 뿐 아니라, 불과 한 시간여가 지나자 짐꾸러미 속의 면죄부가 완전히 동이 나 좀 더 가지러 여관에 다녀와야 했을 정도였습니다.

면죄부가 완전히 바닥나자 우리 주인께서는 설교단에 선 채, 아래에 서 있던 서기와 마을 위원에게 성스러운 면죄부의 용서와 면죄의 은혜를 입은 사람들의 이름을 파악하라고 말했습니다. 면죄를 내려주신 신께 이를 말씀드려야 하기 때문이라고 했습니다. 그러자 선량하기 그지없는 마을 사람들은 자식들과 하인들, 그리고 죽은 친지들의 이름까지 하나씩 들먹이며 자신이 가져간 면죄부의 숫사를 댔습니다.

목록이 완성되자, 우리 주인은 마을 대표들을 모아 자신은 이제 다른 일을 해야 할 테니 서기가 작성한 목록의 내용을 확인하고 서명해줄 것을 부탁했습니다. 서기 말로는 나간 면죄부가 이천 장이 넘는다고 했습니다.

그 일이 마무리되자, 그는 다정다감하고 편안한 얼굴로 그들에게 작별을 고하고 그 마을을 떠났습니다. 심지어 우리가 마을을 떠나기 직전에, 그 마을의 교구 신부와 마을 지도자 몇 명은 면죄부가 태중에 있는 아이에게도 효험이 있는지 묻기도 했습니다. 우리 주인은 자신이 연구한 바에 따르면 그렇지 않은 것 같다고 했습니다. 물론, 더 연륜 있는 노 학자들에게 한 번 문의해보기는 해야겠지만, 자기 생각에는 그렇다는 것이었습니다. 그렇게 우리는 마을을 떠나왔습니다. 일이 잘 되어서 아주 신

나있었지요. 우리 주인이 시장과 서기에게 말했습니다.

"어떻게 보십니까? 도대체 덕행 같은 것을 하지도 않는 저 시골 무지랭이들은 그저 자신들이 대대로 내려오는 기독교도라는 사실만으로도 그 어떤 대가도 없이 그냥 구원이 된다고 생각하잖아요. 파스카시오 고메스 석사는 자신의 목숨을 바쳐 열 명 이상의 포로들을 구출했는데 말이에요."

그리고 나서 우리는 라 만차 근방의 똘레도라는 곳으로 갔는데, 그 곳 사람들은 면죄부 사는 일에 훨씬 더 완고한 사람들이었습니다. 우리 주인님과 일행이 열심히 뛰어 다녔음데도 불구하고 이 주일이 지나도록 면죄부를 서른 장도 채 팔지 못했습니다. 많은 수고에도 불구하고 큰 손실만 입게 된 것을 보고 영리하기 그지없는 우리 주인님은 면죄부를 팔아먹기 위한 묘안을 생각해냈습니다. 그래서 하루는 장엄미사를 드리게 되었습니다. 설교가 끝나고 나서 제단을 향해 돌아선 그의 손에는 한 뼘 정도 되는 자그마한 십자가가 들려 있었습니다. 날씨가 몹시 추워서 제단 위에 손을 녹일 수 있도록 마련해놓은 화로가 하나 있었는데, 우리 주인은 아무도 모르게 그 화로를 기도집 뒤에 숨겨놓고 있었습니다. 그리고 아무 말 없이 화로 위에 십자가를 올려놓았다가 미사가 끝나자 축도를 한 뒤 손수건으로 그 십자가를 조심스럽게 쌌습니다. 그는 한 손에 그 십자가를 들고, 다른 한 손에 면죄부를 든 채 제단 아래로 내려와 십자가에 입을 맞추는 척 하고 주민들에게도 입을 맞추도록 시켰습니다.

우선 마을의 지도자들과 연장자들이 먼저 나와 한 명씩 줄을 지어 섰습니다. 제일 나이 많은 읍장이 조심스럽게 십사가에 입을 맞추려고 하다가 그만 십자가가 얼굴에 닿는 바람에 '앗뜨거' 하며 뒤로 물러섰습니다. 그 모습을 본 우리 주인이 말했습니다.

"조용, 조용히! 오! 읍장님! 기적입니다!"

그 뒤로도 일곱, 여덟 명이 똑같이 해보고 말했습니다.

"오, 여러분! 정말 기적입니다!"

우리 주인은 이제 증인이 될 만큼 충분한 인원의 얼굴이 데었다고 생각하자, 더 이상 십자가에 입맞추지 말라고 사람들에게 말했습니다. 그는 제단 제일 하단으로 올라가서는 기적을 공표하면서 마을 사람들이 너무나 자비에 인색했기 때문에 하나님께서 이런 기적을 보이신 것이며, 이 십자가는 주교님이 계시는 대성당으로 가져가야겠다고 말했습니다.

마을 사람들이 너무 인색했기 때문에 십자가가 타오른 것이라고 말하면서요. 그러자 사람들이 면죄부를 사겠다고 물밀듯 밀어닥쳐서 그들의 목록을 작성하기에 두 명의 서기와 성직자들, 성물지기들의 손이 부족할 지경이었습니다. 귀하게 말씀드리지만, 아마도 그날 팔아치운 면죄부가 삼천 장이 넘을 겁니다.

그리고 나서 마을을 떠날 때가 되자, 그는 경건한 모습으로 성스러운 십자가를 쳐들고는 이 십자가는 당연히 금박을 입혀야 한다고 주장했습니다. 마을 시의원들과 성직자들은 기적의 증표로 그 십자가를 두고 가주십사고 간청했습니다. 물론 우리 주인은 절대로 그럴 수 없다고 거절하다가, 그들이 너무나 애절하게 간청하자 결국 두고 가기로 했습니다.

들리는 말에 따르면, 마을 사람들이 그 대가로 이삼 파운드는 족히 나가는 오래된 은 십자가를 대신 주기로 했다더군요.

그 후, 우리는 장사를 아주 잘한 것에 만족해하며 그곳을 떠났습니다. 사실 저를 빼고는 그날의 사건을 의심하는 사람은 아무도 없었습니다. 제가 그 일을 알게 된 것은 늘 그래왔지만 혹시 연보함에 뭐 좀 챙길 만한 것이 남아있지 않을까 싶어 제단 뒤로 올라갔었기 때문이었습니다. 그 때, 우리 주인님은 손가락을 입술에 가져다 대면서 잠자코 있으라는 신호를 보냈었지요. 물론 기적이 일어났을 때 사실을 말해버리고 싶은 생각도 들었지만, 교활한 우리 주인이 무서워서 가만히 있기로 했습니다. 우리 주인은 일단 제가 기적에 대해 아무 것도 모르는 것으로 하겠다고 약속한 이상, 내가 누군가에게 이실직고하도록 가만 내버려둘 사람이 아니었습니다. 저는 지금까지도 그 약속을 지키고 있는 셈입니다.

제가 비록 어렸지만, 그는 제게 감사의 말을 했습니다. 그러나 저는
스스로에게 물었습니다.

"죄 없는 사람들 사이에서 얼마나 많은 속임수를 쓰면서 다니
는 것일까?"

결국, 저는 저의 다섯번째 주인과는 거의 4개월을 함께 있었습니다.
비록 설교하러 갔던 곳의 신부나 성직자들의 부담으로 제가 잘 먹고 지
내긴 했지만 그 4개월 동안은 매우 피곤한 날들의 연속이었습니다.

Tratado Sexto

6

*＊ 라사로가 사제 곁에 정착하게 된 경위와 그가 겪은 일들

이 일이 있은 후, 저는 작은북을 그리는 데 뛰어난 사람과 함께 있게 되었는데 그에게 물감을 섞어 주는 일을 했지만, 이번에도 수없이 고통 받았습니다.

그 즈음에는 저는 훌륭한 청년으로 살아가고 있었는데 어느 날 들른 대성당에서 그곳 사제가 저를 자신의 시종으로 삼았습니다. 당나귀와 네 개의 항아리와 채찍을 제 손에 쥐어주었습니다. 그리하여 저는 온 도시에 물을 나누어주기 시작했습니다. 저는 소리를 질렀으니 이것은 제가 선한 삶에 도달하기 위해 오르는 첫 번째 단계였습니다. 매일 매일 주인에게 이익금 30마라베디를 건네 주었고, 토요일의 수익금은 전액 제 몫이었으며, 또 나머지 주중에도 30마라베디 이상 번 것은 제 차지였습니다.

제 일은 아주 잘 되어 4년만에 제법 큰 돈을 벌 수 있었습니다. 새옷을 사기 위해 모아온 돈 일부로 저는 낡은 조끼와 소매통이 넓은 셔츠, 낡은 가운 한 벌과 오래된 꾸에야르산 최고급 칼을 하나 샀습니다.

훌륭한 사람처럼 옷을 입고 나서, 저는 주인에게 당나귀를 돌려드리면서 더 이상 이런 일을 하고 싶지 않다고 말하였습니다.

Tratado Séptimo

*
*라사로가 치안관 곁에 정착하게 된 경위와 그가 겪은 일들

사제와 헤어지고 나서 저는 치안관과 함께 법을 수호하는 일을 하게 되었습니다. 그러나 그 일은 위험한 직업으로 생각되어 아주 잠깐 동안만 함께 지냈습니다. 어느날 밤, 교회에 피신한 범법자들이 저와 주인님에게 돌팔매질과 몽둥이질을 한 후 도망치지 못한 주인님을 아주 못쓰게 만들어 버렸습니다. 그러나 저를 따라잡지는 못했습니다. 이 일로 저는 계약을 파기했습니다.

그리고 노후의 편안한 휴식을 위해 무슨 일을 하는 게 좋을지 생각하던 중에 하나님께서 제게 앞길을 밝혀주시고 유익한 길과 방법을 보여주셨습니다. 그리고 친구들과 주인들의 도움으로, 그때까지 겪었던 모든 일과 노고가 제가 항상 갖기를 원했던 현재의 직업을 얻게 되는 것으로 보상받았습니다. 이 직업을 원했던 것은 이것이 아니고서는 잘 살게 된 사람을 보지 못했기 때문이었습니다. 이 일을 하면서 저는 하나님과 귀하를 모시며 오늘을 살고 있습니다.

저는 이 도시에서 어떤 포도주가 판매되는지, 어떤 물건이 경매에 부쳐졌고, 어떤 물건이 분실되었는지를 알리고 다니며, 또한 죄를 지어 체포령이 내려진 범죄자들에 대하여 그들의 죄목을 큰 소리로 알리고 다니는 일을 했습니다. 말하자면, 큰 소리로 방을 외치고 다녔는데, 말을 돌리지 않고 단도직입적으로 명확하게 말하였습니다. 한 번은 똘레도에서 어느 죄인을 튼튼한 스파르트 밧줄로 교수형시킨 이야기를 하면서 방을 외치고 다녔지요. 이때, 저의 첫 번째 주인이신 장님이 에스깔로나 (Escalona)에서 말했던 예언(역주: "세상에서 포도주 덕분에 복된 자가 있다면 바로 네 녀석일 게다.")이 생각났습니다. 저는 그가 제게 많은 것을 가르쳐준 대가로 오히려 그에게 참으로 못되게 굴었음을 후회했습니다. 하나님을 제외한다면, 오늘날 제가 이런 자리에 서게 된 데 가장 큰 도움을 준 사람이 바로 그였으니까요.

너무나 일들이 잘 풀렸고 제가 일을 아주 손쉽게 처리해 나가자 이 직업에 관련되는 거의 모든 일이 제 손을 거치게 되었습니다. 그래서 온 도시 사람들은 포도주건 다른 무엇이건 팔고자 한다면 반드시 라사로 데 또르메스에게 맡겨야 해결될 거라고 생각하기에 이르렀습니다.

그 즈음, 제가 그분의 포도주를 경매로 팔아드린 일을 계기로 제 능력을 높이 산 데다 제가 선한 삶을 살고있다고 판단하신 저의 주인이시자 귀하의 친구이시기도 한 산 살바도르 주교께서 주교님의 하녀 한 사람과 결혼을 시키려 중매를 서주셨습니다.

그러한 분에게는 행복과 은혜만이 나올 수밖에 없다고 보여 그렇게 하기로 하였습니다. 그렇게 저는 결혼을 했고 지금까지 후회 없이 살고 있습니다. 왜냐하면 아내는 좋은 여자이고 근면하고 상냥할 뿐 아니라 저

의 주인님이신 주교님으로부터 모든 호의와 도움을 받고 있기 때문입니다. 그 분은 일년 내내 밀 한 짐을 주셨고, 성탄절에는 고기를, 그리고 어떤 때는 제물로 바치는 빵 두어 개와 신던 헌 양말을 집사람에게 주셨습니다. 그리고 그 분의 집 옆에 자그마한 집을 하나 세내게 해서 일요일과 공휴일에는 거의 하루종일 그 댁에서 식사를 했습니다. 그러나 언제나 있어 왔고 앞으로도 계속 존재하겠지만, 남말 하기를 좋아하는 사람들이 집사람이 주교님 잠자리를 돌봐드리고 식사를 지어드리러 가는 것을 보고 왈가왈부하면서 우리를 가만히 내버려 두지 않았습니다. 부디 그들이 진실만을 말하도록 하나님께서 도와주시기 바랍니다.

물론, 그 즈음 일말의 의심이 가지 않은 것은 아니었습니다. 저녁 식사 준비가 제대로 되지 않은 날이 많았고, 어떤 때에는 과자 부스러기를 먹으면서 늦은 시간까지 집사람을 기다리는 일도 있었으니까요. 그럴 때면 예전에 에스칼로나에서 장님 주인이 소뿔을 붙잡고 했던 말이 떠오르더 군요. 악마라는 녀석은 늘 결혼을 잘못했다는 생각을 하도록 꼬드기지만 그 말에 넘어가서는 안 되는 법이란다.

왜냐하면 집사람은 이러한 희롱을 받아야 할 만한 사람이 아닐 뿐더러 저의 주인님은 지키시리라 믿고 있는 바를 제게 약속해주셨기 때문입니다. 하루는 집사람 앞에서 제게 한참이나 이런 말씀을 하셨습니다.

"라사로 데 또르메스, 사악한 입들에서 나오는 소리에 귀 기울 이는 사람은 결코 크게 될 수 없다. 내가 이 말을 하는 것은 네 부 인이 우리 집을 드나드는 것을 그 누가 본다는 것이 당연하기 때 문이지. 그녀는 자신과 네 명예를 지니고 들어온다. 그리고 이는 내가 확신한다. 그러니 그들이 떠들어 대는 것에 관심을 갖지 말 고 네가 마땅히 관심을 가져야 할 것, 즉 네게 이익이 되는 것에 관심을 갖거라."

"주인님."

제가 말했습니다.

"저는 선한 사람들과 가까이 하기로 마음먹었습니다. 제 친구 들 중 몇몇이 그 일에 대해서 이야기해 주었습니다. 그리고 더 나 아가 저와 결혼하기 이전에 세 번이나 아이를 낳았다고 세 번 이 상 저에게 확신시켜 주었습니다. 집사람 앞이었기 때문에 주인님 에 대해서는 심하게 말하지 않았습니다만."

　그러자 집사람은 그 일에 대해 거듭 맹세를 했는데, 그야말로 집이 통째로 무너져 내리는 줄 알았습니다. 그리고 나서 울기 시작하며 저와 결혼을 시킨 사람에게 저주를 퍼붓기 시작하였습니다. 입에서 그 말이 나오면 차라리 죽어버리겠다고 했습니다. 그래서 제가 한쪽에서, 그리고 주인님이 또 다른 한쪽에서 말을 하고 달래고, 그 일에 대해서는 평생 다시 입에 올리지 않겠다는 맹세를 하고 제가 집사람이 밤이건 낮이건 출입하는 것을 그녀의 선량함을 믿고 있으므로 기쁘게 생각하고 좋게 생각한다고 말한 끝에 울음을 그치게 되었습니다. 그리해서 우리 세 사람은 모두 만족하게 되었습니다. 오늘까지 우리들 중 그 누구도 그 일에 대해 이야기하지 않았습니다. 나아가 그녀에 대해 누가 말을 꺼낼 것 같다고 느껴지면 저는 그 자의 말을 가로막고 말합니다.

"이봐, 자네가 내 친구라면 내가 고민할 그런 말은 하지 말아 줘. 나를 힘들게 하는 사람을 친구로 삼지는 않으니까. 더구나 내 집사람 사이를 이간질시키는 경우는 더욱 그렇지. 집사람은 내가 세상에서 가장 좋아하고 나보다도 더 사랑하는 사람이야. 그리고 하나님은 내가 받아야 할 것보다 더욱 더 많은 은총을 그녀를 통해서 내려 주신다네. 내가 신성한 성체에 맹세하노니 그녀는 똘레도 시의 문안에 사는 여자 중 가장 좋은 여자일세. 딴 소리 하는 사람이 있다면 그를 죽이고 나도 죽어버릴 걸세."

그렇게 하면 사람들은 더 이상 말하지 않고 저는 평안을 누리게 되는 것이지요.

이때가 귀하도 들으셨겠지만 승리자이신 우리의 황제께서 이 고귀한 똘레도 시에 행차하셔서 궁정회의를 개최하심에 큰 기쁨이 가득했던 바로 그 해였습니다. 이 시절이 저로서는 최고의 번영을 구가하던 때였고, 행운이 최고조에 달했던 시기였습니다.

그 후에 일어날 일에 대해서는 다시 귀하에게 알려드리도록 하겠습니다.

La Vida de Lazarillo de Tormes
y de sus fortunas y adversidades

La Vida de Lazarillo de Tormes

Prólogo

Yo por bien tengo que cosas tan señaladas, y por ventura nunca oídas ni vistas, vengan a noticia de muchos y no se entierren en la sepultura del olvido, pues podría ser que alguno que las lea halle algo que le agrade, y a los que no ahondaren tanto los deleite; y a este propósito dice Plinio que no hay libro, por malo que sea, que no tenga alguna cosa buena; mayormente que los gustos no son todos unos, mas lo que uno no come, otro se pierde por ello. Y así vemos cosas tenidas en poco de algunos, que de otros no lo son. Y esto, para ninguna cosa se debería romper ni echar a mal, si muy detestable no fuese, sino que a todos se comunicase, mayormente siendo sin perjuicio y pudiendo sacar della algún fruto.

Porque, si así no fuese, muy pocos escribirían para uno solo, pues no se hace sin trabajo, y quieren, ya que lo pasan, ser recompensados, no con dineros, mas con que vean y lean sus obras, y si hay de qué, se las alaben; y a este propósito dice Tulio:

"La honra crí a las artes."

¿Quién piensa que el soldado que es primero del escala, tiene más aborrecido el vivir? No, por cierto; mas el deseo de alabanza le hace ponerse en peligro; y así, en las artes y letras es lo mesmo. Predica muy bien el presentado, y es hombre que desea mucho el provecho de las ánimas; mas pregunten a su merced si le pesa cuando le dicen: "¡Oh, qué maravillosamente lo ha hecho vuestra reverencia" Justó muy ruinmente el señor don Fulano, y dio el sayete de armas al truhán, porque le loaba de haber llevado muy buenas lanzas. ¿Qué hiciera si fuera verdad? Y todo va desta manera: que confesando yo no ser más santo que mis vecinos, desta nonada, que en este grosero estilo escribo, no me pesará que hayan parte y se huelguen con ello todos los que en ella algún gusto hallaren, y vean que vive un hombre con tantas fortunas, peligros y adversidades.

Suplico a vuestra merced reciba el pobre servicio de mano de quien lo hiciera más rico si su poder y deseo se conformaran.

Y pues vuestra merced escribe se le escriba y relate el caso por muy extenso, parecióme no tomalle por el medio, sino por el principio, porque se tenga entera noticia de mi persona, y también porque consideren los que heredaron nobles estados cuán poco se les debe, pues Fortuna fue con ellos parcial, y cuánto más hicieron los que, siéndoles contraria, con fuerza y maña remando, salieron a buen puerto.

P.99

- **por bien :** 기꺼이, 요행히
- **cosas tan señaladas :** 매우 뜻깊은 일(이야기)
- **por ventura :** 아마도, 대체적으로
- **vengan a noticia :** 알리다
- **Plinio :** 플리니오(62~114 a.d), 로마시대의 학자
- **por + 형용사 + que + 접속법 :** 제 아무리 ~하여도
- **perderse por ~ :** ~에 홀딱 빠지다
- **echar a mal :** 나쁜 것으로 간주하다
- **detestable :** 증오할 만한(=abominable)
- **no se hace sin trabajo :** 일하지 않고는 되어지지 않다 (자기 노력으로 이루어지다)
- **ya que :** ~이기 때문에
- **si hay de qué(=si hay de qué alabarse) :** 만약 칭찬할 만한 것이 있다면
- **Tulio :** 마르코 툴리오 키케론, 로마시대의 학자

P.100

- **es primero del escala :** 공격 선봉대원(성벽을 기어오르는 공격에서 제일 먼저 앞장서는 군인을 말한다.)
- **aborrecer :** 싫증나게 하다
- **No, por cierto :** 분명 그렇지는 않다
- **presentado :** (종교상) 성직 후보자
- **justa :** 말을 타고 창으로 하는 일대일의 싸움 경기
- **don Fulano :** Fulano란 막연하게 사람을 호칭할 때 쓰는 표현으로 '아무개' 라고 할 수 있다.
- **el sayete de armas :** '군복' 이란 의미. sayete는 sayo의 축소형으로 옛날 로마시대부터 전쟁시 군인들이 입는 조끼같은 옷을 말한다.
- **truhán :** 불량배, 망나니

- **nonada :** 쓸모 없는, 터무니 없는
- **holgarse :** 기뻐하다, 좋아하다
- **vuestra merced :** '귀하'라는 뜻으로 고어에서 많이 사용한다. 오늘날 Vd.(usted)로 되었다.
- **por extenso :** 널리, 상세히
- **nobles estados :** 귀족의 신분
- **a buen puerto :** '좋은 항구로'란 의미로, 여기서는 '높은 신분' 이나 '멋진 인생'을 뜻한다.

Tratado Primero

Cómo Lázaro se asentó con un clérigo, y de las cosas que con él pasó

Pues sepa vuestra merced ante todas cosas que a mí llaman Lázaro de Tormes, hijo de Tomé González y de Antonia Pérez, naturales de Tejares, aldea de Salamanca. Mi nacimiento fue dentro del río Tormes, por la cual causa tomé el sobrenombre, y fue desta manera. Mi padre, que Dios perdone, tenía cargo de proveer una molienda de una aceña, que está ribera de aquel río, en la cual fue molinero más de quince años; y estando mi madre una noche en la acena, preñada de mí, tomóle el parto y parióme allí: de manera que con verdad puedo decir nacido en el río.

Pues siendo yo niño de ocho años, achacaron a mi padre ciertas sangrías mal hechas en los costales de los que allí a moler venían, por lo que fue preso, y confesó y no negó y padeció persecución por justicia. Espero en Dios que está en la Gloria, pues el Evangelio los llama bienaventurados.

En este tiempo se hizo cierta armada contra moros, entre los cuales fue mi padre, que a la sazón estaba desterrado por el desastre ya dicho, con cargo de acemilero de un caballero que allá fue, y con su señor, como leal criado, feneció su vida.

Mi viuda madre, como sin marido y sin abrigo se viese, determinó arrimarse a los buenos por ser uno dellos, y vínose a vivir a la ciudad, y alquiló una casilla, y metióse a guisar de comer a ciertos estudiantes, y lavaba la ropa a ciertos mozos de caballos del Comendador de la Magdalena, de manera que fue frecuentando las caballerizas. Ella y un hombre moreno de aquellos que las bestias curaban, vinieron en conocimiento.

Éste algunas veces se venía a nuestra casa, y se iba a la mañana; otras veces de día llegaba a la puerta, en achaque de comprar huevos, y entrábase en casa. Yo al principio de su entrada, pesábame con él y habíale miedo, viendo el color y mal gesto que tenía; mas de que vi que con su venida mejoraba el comer, fuile queriendo bien, porque siempre traía pan, pedazos de carne, y en el invierno leños, a que nos calentábamos. De manera que, continuando con la posada y conversación, mi madre vino a darme un negrito muy bonito, el cual yo brincaba y ayudaba a calentar. Y acuérdome que, estando el negro de mi padre trebejando con el mozuelo, como el niño veía a mi madre y a mí blancos, y a él no, huía de él con miedo para mi madre, y señalando con el dedo, decía:

"¡Madre, coco!"

Respondió él riendo:

"¡Hideputa!"

Yo, aunque bien muchacho, noté aquella palabra de mi herma-nico, y dije entre mí:

"¡Cuántos debe de haber en el mundo que huyen de otros porque no se ven a sí mesmos!"

Quiso nuestra fortuna que la conversación del Zaide, que así se llamaba, llegó a oídos del mayordomo, y hecha pesquisa, hallóse que la mitad por medio de la cebada, que para las bestias le daban, hurtaba, y salvados, leña, almohazas, mandiles, y las mantas y sábanas de los caballos hacía perdidas, y cuando otra cosa no tenía, las bestias desherraba, y con todo esto acudía a mi madre para criar a mi hermanico.

No nos maravillemos de un clérigo ni fraile, porque el uno hurta de los pobres y el otro de casa para sus devotas y para

ayuda de otro tanto, cuando a un pobre esclavo el amor le animaba a esto. Y probósele cuanto digo y aún más, porque a mí con amenazas me preguntaban, y como niño respondía, y descubría cuanto sabía con miedo, hasta ciertas herraduras que por mandado de mi madre a un herrero vendí. Al triste de mi padrastro azotaron y pringaron, y a mi madre pusieron pena por justicia, sobre el acostumbrado centenario, que en casa del sobredicho Comendador no entrase, ni al lastimado Zaide en la suya acogiese.

Por no echar la soga tras el caldero, la triste se esforzó y cumplió la sentencia; y por evitar peligro y quitarse de malas lenguas, se fue a servir a los que al presente vivían en el mesón de la Solana; y allí, padeciendo mil importunidades, se acabó de criar mi hermanico hasta que supo andar, y a mí hasta ser buen mozuelo, que iba a los huéspedes por vino y candelas y por lo demás que me mandaban. En este tiempo vino a posar al mesón un ciego, el cual, pareciéndole que yo sería para adestralle, me pidió a mi madre, y ella me encomendó a él, diciéndole cómo era hijo de un buen hombre, el cual por ensalzar la fe había muerto en la de los Gelves, y que ella confiaba en Dios no saldría peor hombre que mi padre, y que le rogaba me tratase bien y mirase por mí, pues era huérfano. Él le respondió que así lo haría, y que me recibía no por mozo sino por hijo. Y así le comencé a servir y adestrar a mi nuevo y viejo amo.

Como estuvimos en Salamanca algunos días, pareciéndole a mi amo que no era la ganancia a su contento, determinó irse de allí; y cuando nos hubimos de partir, yo fui a ver a mi madre, y ambos llorando, me dio su bendición y dijo:

"Hijo, ya sé que no te veré más. Procura ser bueno, y Dios te guíe. Criado te he y con buen amo te he puesto. Válete por ti."

Y así me fui para mi amo, que esperándome estaba. Salimos de Salamanca, y llegando a la puente, está a la entrada della un animal de piedra, que casi tiene forma de toro, y el ciego mandóme que llegase cerca del animal, y allí puesto, me dijo:

"*Lázaro, llega el oído a este toro, y oirás gran ruido dentro dél.*"

Yo simplemente llegué, creyendo ser ansí; y como sintió que tenía la cabeza par de la piedra, afirmó recio la mano y diome una gran calabazada en el diablo del toro, que más de tres días me duró el dolor de la cornada, y díjome:

"*Necio, aprende que el mozo del ciego un punto ha de saber más que el diablo.*"

Y rió mucho la burla.

Parecióme que en aquel instante desperté de la simpleza en que, como niño, dormido estaba. Dije entre mí:

"*Verdad dice éste, que me cumple avivar el ojo y avisar, pues solo soy, y pensar cómo me sepa valer.*"

Comenzamos nuestro camino, y en muy pocos días me mostró jerigonza, y como me viese de buen ingenio, holgábase mucho, y decía:

"*Yo oro ni plata no te lo puedo dar, mas avisos para vivir muchos te mostraré.*"

Y fue ansí, que después de Dios éste me dio la vida, y siendo ciego me alumbró y adestró en la carrera de vivir. Huelgo de contar a vuestra merced estas niñerías para mostrar cuanta virtud sea saber los hombres subir siendo bajos, y dejarse bajar siendo altos cuánto vicio.

Pues tornando al bueno de mi ciego y contando sus cosas, vuestra merced sepa que desde que Dios crió el mundo, ninguno formó más astuto ni sagaz. En su oficio era un águila; ciento y tantas oraciones sabía de coro: un tono bajo, reposado y muy sonable que hacía resonar la iglesia donde rezaba, un rostro humilde y devoto que con muy buen continente ponía cuando rezaba, sin hacer gestos ni visajes con boca ni ojos, como otros suelen hacer. Allende desto, tenía otras mil formas y maneras para sacar el dinero. Decía saber oraciones para muchos y diversos efectos: para mujeres que no parían, para las que estaban de parto, para las que eran malcasadas, que sus maridos las quisiesen bien; echaba pronósticos a las preñadas, si traía hijo o hija. Pues en caso de medicina, decía que Galeno no supo la mitad que él para muelas, desmayos, males de madre.

Finalmente, nadie le decía padecer alguna pasión, que luego no le decía:

"Haced esto, haréis estotro, cosed tal yerba, tomad

tal raíz."

Con esto andábase todo el mundo tras él, especialmente mujeres, que cuanto les decían creían. Déstas sacaba él grandes provechos con las artes que digo, y ganaba más en un mes que cien ciegos en un año.

Mas también quiero que sepa Vuestra Merced que, con todo lo que adquiría, jamás tan avariento ni mezquino hombre no vi, tanto que me mataba a mí de hambre, y así no me demediaba de lo necesario.

Digo verdad: si con mi sotileza y buenas mañas no me supiera remediar, muchas veces me finara de hambre; mas con todo su saber y aviso le contaminaba de tal suerte que siempre, o las más veces, me cabí a lo más y mejor. Para esto le hacía burlas endiabladas, de las cuales contaré algunas, aunque no todas a mi salvo.

Él traía el pan y todas las otras cosas en un fardel de lienzo que por la boca se cerraba con una argolla de hierro y su candado y su llave, y al meter de todas las cosas y sacallas, era con tan gran vigilancia y tanto por contadero, que no bastaba hombre en todo el mundo hacerle menos una migaja; mas yo tomaba aquella laceria que él me daba, la cual en menos de dos bocados era despachada.

Después que cerraba el candado y se descuidaba pensando que yo estaba entendiendo en otras cosas, por un poco de costura, que muchas veces del un lado del fardel descosía y tornaba a coser, sangraba el avariento fardel, sacando no por tasa pan, más buenos pedazos, torreznos y longaniza; y ansí buscaba conveniente tiempo para rehacer, no la chaza, sino la endiablada falta que el mal ciego me faltaba.

Todo lo que podía sisar y hurtar, traía en medias blancas; y cuando le mandaban rezar y le daban blancas, como él carecía de vista, no había el que se la daba amagado con ella, cuando yo la tenía lanzada en la boca y la media aparejada, que por presto que él echaba la mano, ya iba de mi cambio aniquilada en la mitad del justo precio. Quejábaseme el mal ciego, porque al tiento luego conocía y sentía que no era blanca entera, y decía:

"¿Qué diablo es esto, que después que conmigo estás no me dan sino medias blancas, y de antes una blanca y un maravedí hartas veces me pagaban? En ti debe éstar esta desdicha."

También él abreviaba el rezar y la mitad de la oración no acababa, porque me tenía mandado que en yéndose el que la mandaba rezar, le tirase por el cabo del capuz. Yo así lo hacía. Luego él tornaba a dar voces, diciendo :

"¿Mandan rezar tal y tal oración?",

como suelen decir.

Usaba poner cabe sí un jarrillo de vino cuando comíamos, y yo muy de presto le asía y daba un par de besos callados y tornábale a su lugar. Mas turóme poco, que en los tragos conocía la falta, y por reservar su vino a salvo nunca despúes desamparaba el jarro, antes lo tenía por el asa asido; mas no había piedra imán que así trajese a sí como yo con una paja larga de centeno, que para aquel menester tenía hecha, la cual metiéndola en la boca del jarro, chupando el vino lo dejaba a buenas noches. Mas como fuese el traidor tan astuto, pienso que me sintió, y dende en adelante mudó propósito, y asentaba su jarro entre las piernas, y atapábale con la mano, y ansí bebía seguro. Yo, como estaba hecho al vino, moría por él, y viendo que aquel remedio de la paja no me aprovechaba ni valía, acordé en el suelo del jarro hacerle una fuentecilla y agujero sotil, y delicadamente con una muy delgada tortilla de cera taparlo, y al tiempo de comer, fingiendo haber frío, entrabame entre las piernas del triste ciego a calentarme en la pobrecilla lumbre que teníamos, y al calor della luego derretida la cera, por ser muy poca, comenzaba la fuentecilla a destilarme en la boca, la cual yo de tal manera ponía que maldita la gota se perdía. Cuando el pobreto iba a beber, no hallaba nada: espantábase, maldecía, daba al diablo el jarro y el vino, no sabiendo qué podía ser.

"No diréis, tío, que os lo bebo yo -decía-, pues no le quitáis de la mano."

Tantas vueltas y tiento dio al jarro, que halló la fuente y cayó en la burla; mas así lo disimuló como si no lo hubiera sentido, y luego otro día, teniendo yo rezumando mi jarro como solía, no pensando en el daño que me estaba aparejado ni que el mal ciego me sentía, sentéme como solía, estando recibiendo aquellos dulces tragos, mi cara puesta hacia el cielo, un poco cerrados los ojos por mejor gustar el sabroso licor, sintió el desesperado ciego que agora tenía tiempo de tomar de mí venganza y con toda su fuerza, alzando con dos manos aquel dulce y amargo jarro, le dejó caer sobre mi boca, ayudándose, como digo, con todo su poder, de manera que el pobre Lázaro, que de nada desto se guardaba, antes, como otras veces, estaba descuidado y gozoso, verdaderamente me pareció que el cielo, con todo lo que en él hay, me había caído encima. Fue tal el golpecillo, que me desatinó y sacó de sentido, y el jarrazo tan grande, que los pedazos dél se me metieron por la cara, rompiéndomela por muchas partes, y me quebró los dientes, sin los cuales hasta hoy día me quedé.

Desde aquella hora quise mal al mal ciego, y aunque me quería y regalaba y me curaba, bien vi que se había holgado del cruel castigo. Lavóme con vino las roturas que con los pedazos del jarro me había hecho, y sonriéndose decía:

"¿Qué te parece, Lázaro? Lo que te enfermó te sana y da salud",

y otros donaires que a mi gusto no lo eran.

Ya que estuve medio bueno de mi negra trepa y cardenales, considerando que a pocos golpes tales el cruel ciego ahorraría de mí, quise yo ahorrar dél; más no lo hice tan presto por hacello más a mí salvo y provecho. Y aunque yo quisiera asentar mi corazón y perdonalle el jarrazo, no daba lugar el maltratamiento que el mal ciego dende allí adelante me hacía, que sin causa ni razón me hería, dándome coscorrones y repelándome. Y si alguno le decía por que me trataba tan mal, luego contaba el cuento del jarro, diciendo:

"¿Pensaréis que este mi mozo es algún inocente? Pues oíd si el demonio ensayara otra tal hazaña."

Santiguándose los que lo oían, decían:

"¡Mira, quién pensara de un muchacho tan pequeño tal ruindad!",

y reían mucho el artificio, y decíanle:

"Castigaldo, castigaldo, que de Dios lo habréis."

Y él con aquello nunca otra cosa hacía. Y en esto yo siempre le llevaba por los peores caminos, y adrede, por le hacer mal y daño: si había piedras, por ellas, si lodo, por lo más alto; que aunque yo no iba por lo más enjuto, holgábame a mí de quebrar un ojo por quebrar dos al que ninguno tenía. Con esto siempre con el cabo alto del tiento me atentaba el colodrillo, el cual siempre traía lleno de tolondrones y pelado de sus manos; y aunque yo juraba no lo hacer con malicia, sino por no hallar mejor camino, no me aprovechaba ni me creía más: tal era el sentido y el grandísimo entendimiento del traidor.

Y porque vea vuestra merced a cuánto se extendía el ingenio deste astuto ciego, contaré un caso de muchos que con él me acaecieron, en el cual me parece dio bien a entender su gran astucia. Cuando salimos de Salamanca, su motivo fue venir a tierra de Toledo, porque decía ser la gente más rica, aunque no muy limosnera. Arrimábase a este refrán:

"Más da el duro que el desnudo."

Y venimos a este camino por los mejores lugares. Donde hallaba buena acogida y ganancia, deteníamonos; donde no, a tercero día hacíamos Sant Juan.

Acaeció que llegando a un lugar que llaman Almorox, al tiempo que cogían las uvas, un vendimiador le dio un racimo dellas en limosna, y como suelen ir ls cestos maltratados y también porque la uva en aquel tiempo está muy madura, desgranábasele el racimo en la mano; para echarlo en el fardel tornábase mosto, y lo que a él se llegaba. Acordó de hacer un banquete, ansí por no lo poder llevar como por contentarme, que aquel día me había dado muchos rodillazos y golpes. Sentámonos en un valladar y dijo:

"Agora quiero yo usar contigo de una liberalidad, y es que ambos comamos este racimo de uvas, y que

hayas dél tanta parte como yo. Partillo hemos desta manera: tú picarás una vez y yo otra; con tal que me prometas no tomar cada vez más de una uva, yo haré lo mesmo hasta que lo acabemos, y desta suerte no habrá engaño."

Hecho ansí el concierto, comenzamos; mas luego al segundo lance; el traidor mudó de propósito y comenzó a tomar de dos en dos, considerando que yo debería hacer lo mismo. Como vi que él quebraba la postura, no me contenté ir a la par con él, mas aún pasaba adelante: dos a dos, y tres a tres, y como podía las comía. Acabado el racimo, estuvo un poco con el escobajo en la mano y meneando la cabeza dijo:

"Lázaro, engañado me has: juraré yo a Dios que has tú comido las uvas tres a tres."

"No comí -dije yo- más ¿por qué sospecháis eso?"

Respondió el sagacísimo ciego:

"¿Sabes en qué veo que las comiste tres a tres? En que comía yo dos a dos y callabas."

a lo cual yo no respondí. Yendo que íbamos ansí por debajo de unos soportales en Escalona, adonde a la sazón estábamos en casa de un zapatero, había muchas sogas y otras cosas que de esparto se hacen, y parte dellas dieron a mi amo en la cabeza; el cual, alzando la mano, tocó en ellas, y viendo lo que era díjome:

"Anda presto, muchacho; salgamos de entre tan mal manjar, que ahoga sin comerlo."

Yo, que bien descuidado iba de aquello, miré lo que era, y como no vi sino sogas y cinchas, que no era cosa de comer, díjele:

"Tío, ¿por qué decís eso?"

Respondióme:

"Calla, sobrino; según las mañas que llevas, lo sabrás y verás como digo verdad."

Y ansí pasamos adelante por el mismo portal y llegamos a un mesón, a la puerta del cual había muchos cuernos en la pared, donde ataban los recueros sus bestias. Y como iba tentando si era allí el mesón, adonde él rezaba cada día por la mesonera la oración de la emparedada, asió de un cuerno, y con un gran suspiro dijo:

"¡Oh, mala cosa, peor que tienes la hechura! ¡De cuántos eres deseado poner tu nombre sobre cabeza

ajena y de cuán pocos tenerte ni aun oír tu nombre, por
ninguna vía!"

Como le oí lo que decía, dije:

"Tío, ¿qué es eso que decís?"

"Calla, sobrino, que algún día te dará éste, que en la
mano tengo, alguna mala comida y cena."

"No le comeré yo -dije- y no me la dará."

"Yo te digo verdad; si no, verlo has, si vives."

Y ansí pasamos adelante hasta la puerta del mesón, adonde
pluguiere a Dios nunca allá llegáramos, según lo que me
sucedía en él.

Era todo lo más que rezaba por mesoneras y por
bodegoneras y turroneras y rameras y ansí por semejantes
mujercillas, que por hombre casi nunca le vi decir oración.

Reíme entre mí, y aunque muchacho noté mucho la discreta
consideración del ciego. Mas por no ser prolijo dejo de contar
muchas cosas, así graciosas como de notar, que con este mi
primer amo me acaecieron, y quiero decir el despidiente y, con
él, acabar.

Estábamos en Escalona, villa del duque della, en un mesón, y diome un pedazo de longaniza que la asase. Ya que la longaniza había pringado y comídose las pringadas, sacó un maravedí de la bolsa y mandó que fuese por él de vino a la taberna. Púsome el demonio el aparejo delante los ojos, el cual, como suelen decir, hace al ladrón, y fue que había cabe el fuego un nabo pequeño, larguillo y ruinoso, y tal que, por no ser para la olla, debió ser echado allí. Y como al presente nadie estuviese sino él y yo solos, como me vi con apetito goloso, habiéndome puesto dentro el sabroso olor de la longaniza, del cual solamente sabía que había de gozar, no mirando qué me podría suceder, pospuesto todo el temor por cumplir con el deseo, en tanto que el ciego sacaba de la bolsa el dinero, saqué la longaniza y muy presto metí el sobredicho nabo en el asador, el cual mi amo, dándome el dinero para el vino, tomó y comenzó a dar vueltas al fuego, queriendo asar al que de ser cocido por sus deméritos había escapado.

Yo fui por el vino, con el cual no tardé en despachar la longaniza, y cuando vine hallé al pecador del ciego que tenía entre dos rebanadas apretado el nabo, al cual aún no había conocido por no lo haber tentado con la mano. Como tomase las rebanadas y mordiese en ellas pensando también llevar parte de la longaniza, hallóse en frío con el frío nabo. Alteróse y dijo:

"¿Qué es esto, Lazarillo?"

"¡Lacerado de mí! -dije yo-. ¿Si queréis a mi echar algo? ¿Yo no vengo de traer el vino? Alguno estaba ahí, y por burlar haría esto."

"No, no -dijo él-, que yo no he dejado el asador de la mano; no es posible."

Yo torné a jurar y perjurar que estaba libre de aquel trueco y cambio; mas poco me aprovechó, pues a las astucias del maldito ciego nada se le escondía. Levantóse y asióme por la cabeza, y llegóse a olerme; y como debió sentir el huelgo, a uso de buen podenco, por mejor satisfacerse de la verdad, y con la gran agonía que llevaba, asiéndome con las manos, abríame la boca más de su derecho y desatentadamente metía la nariz, la cual él tenía luenga y afilada, y a aquella sazón con el enojo se habían aumentado un palmo, con el pico de la cual me llegó a la gulilla. Y con esto y con el gran miedo que tenía, y con la brevedad del tiempo, la negra longaniza aún no había hecho asiento en el estómago, y lo más principal, con el destiento de la cumplidísima nariz medio cuasi ahogándome, todas estas cosas se juntaron y fueron causa que el hecho y golosina se manifestase y lo suyo fuese devuelto a su dueño: de manera que antes que el mal ciego sacase de mi boca su trompa, tal alteración sintió mi estómago que le dio con el hurto en ella, de suerte que su nariz y la negra malmascada longaniza a un tiempo salieron de mi boca.

¡Oh, gran Dios, quién estuviera aquella hora sepultado, que muerto ya lo estaba! Fue tal el coraje del perverso ciego que, si al ruido no acudieran, pienso no me dejara con la vida.

Sacáronme de entre sus manos, dejándoselas llenas de aquellos pocos cabellos que tenía, arañada la cara y rascuñado el pescuezo y la garganta; y esto bien lo merecía, pues por su maldad me venían tantas persecuciones.

Contaba el mal ciego a todos cuantos allí se allegaban mis

desastres, y dábales cuenta una y otra vez, así de la del jarro como de la del racimo, y agora de lo presente. Era la risa de todos tan grande que toda la gente que por la calle pasaba entraba a ver la fiesta; mas con tanta gracia y donaire recontaba el ciego mis hazañas que, aunque yo estaba tan maltratado y llorando, me parecía que hacía sinjusticia en no se las reír.

Y en cuanto esto pasaba, a la memoria me vino una cobardía y flojedad que hice, por que me maldecía, y fue no dejalle sin narices, pues tan buen tiempo tuve para ello que la mitad del camino estaba andado; que con sólo apretar los dientes se me quedaran en casa, y con ser de aquel malvado, por ventura lo retuviera mejor mi estómago que retuvo la longaniza, y no pareciendo ellas pudiera negar la demanda. Pluguiera a Dios que lo hubiera hecho, que eso fuera así que así. Hiciéronnos amigos la mesonera y los que allí estaban, y con el vino que para beber le había traído, laváronme la cara y la garganta, sobre lo cual discantaba el mal ciego donaires, diciendo:

"Por verdad, más vino me gasta este mozo en lavatorios al cabo del año que yo bebo en dos. A lo menos, Lázaro, eres en más cargo al vino que a tu padre, porque él una vez te engendró, mas el vino mil te ha dado la vida."

Y luego contaba cuántas veces me había descalabrado y arpado la cara, y con vino luego sanaba.

"Yo te digo -dijo- que si un hombre en el mundo ha de ser bienaventurado con vino, que serás tú."

Y reían mucho los que me lavaban con esto, aunque yo renegaba. Mas el pronóstico del ciego no salió mentiroso, y después acá muchas veces me acuerdo de aquel hombre, que sin duda debía tener espíritu de profecía, y me pesa de los sinsabores que le hice, aunque bien se lo pagué, considerando lo que aquel día me dijo salirme tan verdadero como adelante vuestra merced oirá.

Visto esto y las malas burlas que el ciego burlaba de mí, determiné de todo en todo dejalle, y como lo traía pensado y lo tenía en voluntad, con este postrer juego que me hizo afirmélo más. Y fue ansí, que luego otro día salimos por la villa a pedir limosna, y había llovido mucho la noche antes; y porque el día también llovía, y andaba rezando debajo de unos portales que en aquel pueblo había, donde no nos mojamos; mas como la noche se venía y el llover no cesaba, díjome el ciego:

"Lázaro, esta agua es muy porfiada, y cuanto la noche más cierra, más recia. Acojámonos a la posada con tiempo."

Para ir allá, habíamos de pasar un arroyo que con la mucha agua iba grande. Yo le dije:

"Tío, el arroyo va muy ancho; más si queréis, yo veo por donde travesemos más aína sin nos mojar, porque se estrecha allí mucho, y saltando pasaremos a pie enjuto."

Parecióle buen consejo y dijo:

"Discreto eres; por esto te quiero bien. Llévame a ese lugar donde el arroyo se ensangosta, que agora es invierno y sabe mal el agua, y más llevar los pies

mojados."

Yo, que vi el aparejo a mi deseo, saquéle debajo de los portales, y llevélo derecho de un pilar o poste de piedra que en la plaza estaba, sobre la cual y sobre otros cargaban saledizos de aquellas casas, y dígole:

> *"Tío, éste es el paso más angosto que en el arroyo hay."*

Como llovía recio, y el triste se mojaba, y con la priesa que llevábamos de salir del agua que encima de nos caía, y lo más principal, porque Dios le cegó aquella hora el entendimiento (fue por darme dél venganza), creyóse de mí y dijo:

> *"Ponme bien derecho, y salta tú el arroyo."*

Yo le puse bien derecho enfrente del pilar, y doy un salto y póngome detrás del poste como quien espera tope de toro, y díjele:

> *"¡Sus! Saltá todo lo que podáis, porque deis deste cabo del agua."*

Aun apenas lo había acabado de decir cuando se abalanza el pobre ciego como cabrón, y de toda su fuerza arremete, tomando un paso atrás de la corrida para hacer mayor salto, y da con la cabeza en el poste, que sonó tan recio como si diera con una gran calabaza, y cayó luego para atrás, medio muerto y hendida la cabeza, le dije yo.

"¿Cómo, y oliste la longaniza y no el poste? ¡Olé! ¡Olé!"

Y dejéle en poder de mucha gente que lo había ido a socorrer, y tomé la puerta de la villa en los pies de un trote, y antes que la noche viniese di conmigo en Torrijos. No supe más lo que Dios dél hizo, ni curé de lo saber.

P.103

- **ante todas cosas :** 우선
- **natural de 〜 :** 〜태생의
- **por la cual causa :** 그러한 이유로 말미암아
- **sobrenombre :** 별명(=apodo)
- **aceña :** 물레방앗간
- **ribera de río :** 강가에서(=orilla de río)
- **preñado de mí :** 나를 임신하고서
- **tomar el parto :** 분만하다
- **parir :** 출산하다(=dar a luz)
- **de manera que :** 그런 연유로
- **ciertas sangrías mal hechas en los costales :** 큰 자루에 칼집을 내어 곡식을 훔치는 일
- **confesó y no negó :** 요한복음 1장 20절 "죄를 부정하지 않고 고백했다" 부분을 인용

P.104

- **bienaventurado :** 시복받은 자
- **moro :** 모로인, 회교도인
- **a la sazón :** 그때에(=entonces)
- **desterrar :** 추방하다, 유배 보내다
- **acemilero :** 노새 몰잇꾼
- **feneció su vida :** 생을 마치다
- **arrimarse :** 가까이 가다, 의지하다
- **guisar de comer :** 밥을 해주다
- **Comendador de la Magdalena :** 스페인의 알칸타라 기사단에 속하는 막달레나(Magdalena) 기사단장
- **caballeriza :** 마굿간, 외양간(=cuadra)
- **curaban :** 돌보았다(=cuidaban)

- **conocimiento** : 알게 됨과 함께 육체적 관계를 갖는 것을 의미한다.
- **en achaque de(=con motivo de)**
- **mal gesto** : 추한 얼굴(=rostro feo)
- **leño** : 장작(=madera)
- **posada** : 여관, 숙박
- **conversación** : 원래 '대화' 라는 뜻이지만, 여기서는 '정교(情交)' 라는 의미
- **brincar** : (어린애를) 높이 들어 먼 데를 보여주다, 함께 놀아주다
- **trebejar** : 놀다, 뛰어다니다, 장난치다
- **mozuelo** : mozo(어린 남자아이)의 축소형

P.105 ··

- **huir de ～ para …** : ～에게서 도망쳐 …에게로 가다
- **coco** : 도깨비, 요괴
- **Hideputa(=Hijo de puta)** : '매춘부의 아들, 빌어먹을 놈' 이라는 의미로 모욕적인 표현이다. 스페인에서 사용되는 최악의 욕으로 함부로 써서는 안 된다.
- **bien muchacho** : 완전한 어린아이
- **mayordomo** : 집사, 교회 또는 궁 같은 대저택에서 살림을 담당하는 사람
- **cebada** : 보리
- **hurtar** : 훔치다
- **salvado** : 밀기울
- **almohaza** : 말빗
- **desherrar** : 편자를 벗기다

P.106 ··

- **herradura** : 말굽쇠
  herrero : 대장장이
- **pringaron(=el pringue)** : 펄펄 끓는 기름을 붓는 형벌로서 가장 잔인한 고문

- **el acostumbrado centenario :** 습관대로 하는 백 대의 태형
- **echar la soga tras el caldero :** 들통이 나다
- **quitarse de malas lenguas :** 남의 입에 오르내리지 않도록 하다

P.107

- **el mesón :** 여관, 여인숙, 주막
- **importunidad :** 역경, 곤란함
- **encomendar :** 부탁하다, 맡기다
- **ensalzar(=alabar, exaltar) :** 칭찬하다, 찬양하다
- **los Gelves :** 튜니지아 맞은 편에 있는 아프리카 지명으로 이 전투에서 스페인 군대가 대패하였다.
- **procurar de inf. :** ~하려고 애쓰다
- **válete por ti :** 혼자 힘으로 살아라

P.108

- **dentro dél(=dentro de él) :** 그 속에서
- **par de piedra :** 돌 가까이에
- **calabazada :** 벽이나 돌에 머리를 부딪히는 것, 박치기
- **cornada :** 뿔로 한 번 박기, 박치기
- **necio :** 이 둔한 놈아! 본래는 '어리석은, 미숙한'이란 의미
- **avivar el ojo :** (눈을) 번뜩이다, 똑바로 뜨다
- **jerigonza :** 은어(장님이나 거지들이 쓰는 특수한 말)

P.109

- **Vuestra Merced :** 귀하(본문에서 밝힌 것처럼 이책은 주인공 라사로가 누군가 귀족의 신분인 사람에게 서간문 형식으로 자신의 일생을 기술하고 있다. 따라서 그 귀족을 지칭할 때 이 표현이 사용된다.)
- **sagaz :** 재치 있는
- **de coro :** 암송하여
- **continente :** 자제심 있는, 조심스러운
- **visaje :** 찡그린 얼굴

- **Allende :** 그외에(=Allende desto, Allende de esto, además)
- **malcasada :** 잘못 결혼한(배우자를 잘못 선택한)
- **echar pronóstico(=pronosticar) :** 예측하다, 예언하다
- **Galeno :** 갈레노, 고대의 유명한 의사
- **muela(=dolor de muela) :** 어금니의 통증, 치통
- **pasión(=padecimiento físico) :** 여기서는 '고통, 아픔'을 뜻한다.
- **estotro :** este y otro의 줄임말로 이것과 저것을 의미.

P.110

- **Déstas(=De estas) :** 이들로부터
- **sacar provechos(=ganar) :** 이익을 취하다
- **avariento(=avaricioso) :** 욕심 많은
- **mezquino :** 인색한
- **no me demediaba de lo necesario :** 필요양의 절반도 먹지 못하다
- **finar :** 죽다, 세상을 뜨다
- **contraminar :** 은밀히 손해를 끼치다, 대항할 계책을 세우다
- **a mi salvo :** 나의 안전을 위해
- **fardel de lienzo :** 삼베 자루
- **argolla :** (금속의) 고리
- **candado :** 자물쇠
- **tanto por contadero :** 수를 잘 헤아려 놓으므로
- **migaja :** 빵 부스러기
- **laceria :** 아주 적은 양(=miseria)

P.111

- **en menos de dos bocados era despachada :** 두 입만 먹으면 없어지곤 했다
- **descoser :** (꿰맨 것을) 풀다
- **torrenzo :** (기름에 튀긴) 돼지고기
- **loganiza :** 소시지
- **sisar :** 훔치다

- **amagar :** 티를 내다
- **por presto :** 재빨리
- **al tiento :** 더듬거려서
- **blanca :** (옛날의 한닢짜리) 동전
- **medias blancas :** 반 마라베디(Maravedí)에 해당하는 최소 가치의 동전(반닢짜리 동전)
- **maravedí :** 마라베디, (옛 스페인의) 화폐 단위
- **capuz :** 후드(=capucho)

P.112

- **cabe :** ～의 옆에, 가까이에
  cabe sí : 자기 바로 옆에 (cabe가 전치사이므로 주어 자신을 받는 전치격 인칭대명사 si 형을 쓴다.)
- **jarrillo :** jarro의 축소사, 작은 단지, 항아리
- **asa :** 손잡이 자루
- **piedra imán :** 자석
- **centeno :** 보리
- **lo dejaba a buenas noches :** 깜깜한 채로 버려두다. 은유적인 표현으로 '장님을 속이다'라는 뜻, 'noches'는 밤이라는 단어의 복수형으로 '알지 못함, 장님'을 뜻한다.
- **dende :** ～부터(=desde)
- **estar hecho a ～ :** ～에 익숙케 하다, 길들이다(=acostumbrado)
- **derretir :** 녹이다
- **destilar :** 방울방울 떨어지게 하다

P.113

- **rezumar :** 스며나오게 하다
- **agora :** 지금(=ahora)
- **quardarse de :** ～로부터 자신을 방어하다
- **gozoso :** 즐거운, 기뻐하는
- **desatinar :** 당혹시키다, 놀라게 하다
- **jarrazo(=golpe con jarro) :** 물항아리로 때리기

P.114

- **donaire** : 경구, 미묘한 정(情)을 표현하기
- **trepa** : 옷의 갓단을 말하지만, 여기서는 '피멍'을 뜻한다.
- **cardenal** : 혈반, 멍('추기경'이란 뜻도 있음)
- **ahorrar de(=dar libertad al esclavo)** : 어떤 일을 면하게 해준다는 뜻으로 여기서는 '작별하다, 떠나다'라는 뜻으로 사용되었다
- **coscorrón** : 머리에 받는 타격, 멍들음, 박치기
- **repelar** : 머리털을 잡아 뽑다
- **ensayar** : 착수하다(=emprender, procurar)
- **santiguarse** : 성호를 긋다
- **artificio** : 일, 궁리

P.115

- **de Dios lo habréis(=Dios os recompersará)** : 하나님이 당신에게 보상을 하실 것이다
- **adredemente(=de proposito)** : 고의로
- **enjuto** : 가느다란, 홀쭉한(=delgado)
- **colodrillo** : 뒷머리
- **tolodrón** : 흑
- **pelado** : 털 빠진, 껍질 벗겨진
- **con malicia** : 악의로, 고의로

P.116

- **acaecer** : 발생하다(=suceder)
- **hacer San Juan(=mudarse de lugar, irse)** : 스페인 관습에 의하면 성 요한(San Juan)의 날에 계약을 갱신하거나, 주인을 바꾸곤 하였다.
- **Almorox** : 똘레도(Toledo) 지방 에스칼로나(Escalona) 마을 근처의 지명
- **al tiempo que cogian las uvas** : 포도 수확철
- **vendimiador** : 포도따는 일꾼
- **desgranar** : 낱알을 털다

- **〜se :** 흩어지다
- **acordar de + inf. :** 〜하기로 타협하다, 동조하다
- **dar rodillazo :** 무릎으로 찌르다
- **valladar :** 울타리, 담장
- **agora :** ahora(지금)의 고어

P.117

- **quebrar la postura :** 약속을 깨다
- **ir a la par :** 똑같이 하다
- **como podía las comía :** 먹을 수 있을 만큼 먹다
- **escobajo :** 포도알을 뜯어낸 후의 송이 껍질
- **menear :** 흔들다

P.119

- **ser prolijo :** 장황하게 하다, 지리하게 늘어놓다
- **dejar de + inf. :** 〜하기를 그만두다

P.120

- **pringado :** 기름 범벅이 되다
- **pringadas :** 순대에서 스며나온 기름으로 덮힌 길죽한 빵조각
- **aparejo :** 도구, 준비, 채비
- **pospuesto todo el temor por cumplir con el ceseo :** 욕망을 채우고자 모든 두려움을 뒤로 하다
- **dar vueltas :** 돌리다
- **demérito :** 결점, 무공적
- **despachar(=comer) :** 먹다
- **rebanada :** (특히 빵의) 길쭉한 조각

P.121

- **lacerado :** 불행한 사람
- **echar(=achacar) :** 뒤집어씌우다, 전가하다
- **asador :** 산적꽂이, 산적 꼬챙이

- **perjurar** : 거짓 선서하다
- **trueco(=trueque)** : 교환, 교체
- **huelgo(=aliento)** : 호흡

P.122

- **a uso de** : ～하는 식으로, ～하는 관습에 따라
- **podenco** : 사냥개의 한가지
- **desatentadamente** : 방자하게
- **luengo(=largo)** : 긴, 기다란
- **gulilla** : gula(목젖)의 축소형
- **hacer asiento(=hacer la primera digestión)** : 소화시키다
- **destiento(=alteración)** : 당황, 놀라움
- **golosina** : 맛있는 음식, 진수성찬
- **trompa(=nariz muy grande)** : 긴 코
- **hurto** : 훔친 물건 (여기서는 몰래 훔쳐먹은 소시지를 말한다.)
- **malmascado** : 잘 씹지도 않은
- **coraje** : 기력, 용기, 화
- **perverso** : 마음이 그릇된, 사악한
- **si al ruedo no acudieran** : 만일 사람들이 주변에 나타나지 않았더라면
- **arañar** : 할퀴다
- **rascuñar(=rasguñar)** : 할퀴다, 긁다
- **pescuezo** : 목줄기, 목덜미
- **maldad** : 부정, 사악, 악의
- **allegar** : 끌어들이다, 모으다

P.123

- **mas** : 그러나
- **hazañia** : 무훈, 공적
- **flojedad** : 게으름, 실수

- **la mitad del camino estaba andado** : 절반은 다 된 일이다
- **en casa(=en mi poder, dentro de la boca)** : 내 입 안에
- **la demanda** : 수색, 탐구
- **fuera así que así** : 어쨌거나 마찬가지였을 것이다
- **hacerlos amigos(=ponerlos en paz)** : ~의 친구가 되다
- **mesonera** : 여관주인
- **discantar** : 노래부르다, 무엇에 대하여 말을 많이 하다
- **discantaba donaires(=glosar o explicar)** : 주를 달다
- **en lavatorios** : 상처를 씻는 데
- **ser en cargo al** : ~에게 부채가 있다

P.124

- **descalabrar** : 머리에 부상을 입히다
- **arpar(=arañar)** : 할퀴다
- **renegar** : 거부하다, 싫어하다
- **no salió mentiroso** : 거짓이 아니었다
- **profecía** : 예언
- **sinsabor** : 슬픔, 괴로움

P.125

- **de todo en todo** : 완전히
- **tenerlo en voluntad** : 마음에 두다
- **postrero** : 남성단수명사 앞에서 어미모음 ro가 탈락되는 형용사로, '최후의, 마지막'을 의미
- **porfiado** : 끈덕진, 집요한
- **cuanto la noche más cierra, más recia** : 밤이 깊을수록 더 심해지는구나
- **la posada** : 여인숙, 여관, 숙소
- **con tiempo** : 미리미리, 서둘지 않고
- **aína** : 빨리

- **a pie enjuto(=sin mojarse)** : 물에 젖지 않게
- **ensangostar(=angostar)** : 좁히다

P.126

- **el aparejo** : 준비, 채비, 도구
- **el portal** : 현관
- **derecho** : 곧바른, 일직선의
- **saledizo** : (건물의) 돌출부분
- **llover recio** : 지독히, 심하게 비가 오다
- **el tirste(=el triste ciego)** : 불쌍한 장님
- **Díos le cegó aquella hora el entendimiento** : 하나님이 그때 그의 사고력을 흐리게 했다
- **Ponme bien derecho** : 나를 똑바로 세워라
- **tope de toro** : 소의 충돌
- **¡sus!** : 잘해라!
- **deste(=de este)** : 이것
- **apenas** : ～하자마자
- **cabrón** : 숫산양
- **arremeter** : 갑자기 몰다, 날쌔게 덤벼들다

P.127

- **calabaza** : 호박
- **hender** : 갈라지다
- **olé** : 투우 경기에서 외치는 소리. Ole는 원래 아랍어로 '알라신을 위하여(por Dios)'라는 어원을 가지고 있다.
- **trote** : 구보, 총총걸음
- **dar conmigo en Torrijos(=encontrarme en Torrijos)** : 또리호스 마을에 당도하다
- **lo que Díos del hizo(=lo que Díos hizo de él)** : 하나님께서 그에게 행하신 일

Tratado Segundo

Cómo Lázaro se asentó con un clérigo, y de las cosas que con él pasó

Otro día, no pareciéndome estar allí seguro, fuime a un lugar que llaman Maqueda, adonde me toparon mis pecados con un clérigo que, llegando a pedir limosna, me preguntó si sabía ayudar a misa. Yo dije que sí, como era verdad; que, aunque maltratado, mil cosas buenas me mostró el pecador del ciego, y una dellas fue ésta.

Finalmente, el clérigo me recibió por suyo. Escapé del trueno y di en el relámpago, porque era el ciego para con éste un Alejandro Magno, con ser la mesma avaricia, como he contado.

No digo más sino que toda la lacería del mundo estaba encerrada en éste. No sé si de su cosecha era, o lo había anexado con el hábito de clerecía.

Él tenía un arcaz viejo y cerrado con su llave, la cual traía atada con un agujeta del paletoque, y en viniendo el bodigo de la iglesia, por su mano era luego allí lanzado, y tornada a cerrar el arca. Y en toda la casa no había ninguna cosa de comer, como suele estar en otras: algún tocino colgado al humero, algún queso puesto en alguna tabla o en el armario, algún canastillo con algunos pedazos de pan que de la mesa sobran; que me parece a mí que aunque dello no me aprovechara, con la vista dello me consolara. Solamente había una horca de cebollas, y tras la llave en una cámara en lo alto de la casa.

Déstas tenía yo de ración una para cada cuatro días; y cuando le pedía la llave para ir por ella, si alguno estaba presente, echaba mano al falsopecto y con gran continencia la desataba y me la daba diciendo:

"Toma, y vuélvela luego, y no hagáis sino golosinar."

Como si debajo della estuvieran todas las conservas de Valencia, con no haber en la dicha cámara, como dije, maldita la otra cosa que las cebollas colgadas de un clavo, las cuales él tenía tan bien por cuenta, que si por malos de mis pecados me desmandara a más de mi tasa, me costara caro. Finalmente, yo me finaba de hambre. Pues, ya que conmigo tenía poca caridad, consigo usaba más. Cinco blancas de carne era su ordinario para comer y cenar. Verdad es que partía conmigo del caldo, que de la carne, ¡tan blanco el ojo!, sino un poco de pan, y pluguiera a Dios que me demediara.

Los sábados cómense en esta tierra cabezas de carnero, y enviábame por una que costaba tres maravedís. Aquélla le cocía y comía los ojos y la lengua y el cogote y sesos y la carne que en las quijadas tenía, y dábame todos los huesos roídos, y dábamelos en el plato, diciendo:

"Toma, come, triunfa, que para ti es el mundo. Mejor vida tienes que el Papa."

"¡Tal te la dé Dios!",

decía yo paso entre mí.

A cabo de tres semanas que estuve con él, vine a tanta flaqueza que no me podía tener en las piernas de pura hambre.

Vime claramente ir a la sepultura, si Dios y mi saber no me remediaran.

Para usar de mis mañas no tenía aparejo, por no tener en qué dalle salto; y aunque algo hubiera, no podía cegalle, como hacía al que Dios perdone, si de aquella calabazada feneció, que todavía, aunque astuto, con faltalle aquel preciado sentido

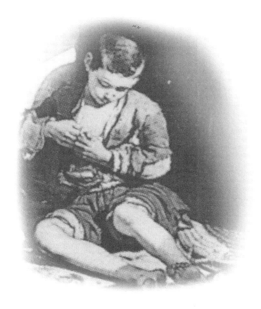

no me sentía; más estotro, ninguno hay que tan aguda vista tuviese como él tenía. Cuando al ofertorio estábamos, ninguna blanca en la concha caía que no era dél registrada: el un ojo tenía en la gente y el otro en mis manos. Bailábanle los ojos en el casco como si fueran de azogue. Cuantas blancas ofrecían tenía por cuenta; y acabado el ofrecer, luego me quitaba la concheta y la ponía sobre el altar. No era yo señor de asirle una blanca todo el tiempo que con él viví, o, por mejor decir, morí. De la taberna nunca le traje una blanca de vino, mas aquel poco que de la ofrenda había metido en su arcaz, compasaba de tal forma que le duraba toda la semana, y por ocultar su gran mezquindad decíame:

"Mira, mozo, los sacerdotes han de ser muy templados en su comer y beber, y por esto yo no me desmando como otros."

Mas el lacerado mentía falsamente, porque en cofradías y mortuorios que rezamos, a costa ajena comía como lobo y bebía más que un saludador. Y porque dije de mortuorios, Dios me perdone, que jamás fui enemigo de la naturaleza humana sino entonces, y esto era porque comíamos bien y me hartaban.

Deseaba y aun rogaba a Dios que cada día matase el suyo. Y cuando dábamos sacramento a los enfermos, especialmente la extremaunción, como manda el clerigo rezar a los que están allí, yo cierto no era el postrero de la oración, y con todo mi corazón y buena voluntad rogaba al Señor, no que la echase a la parte que más servido fuese, como se suele decir, mas que le llevase de aqueste mundo.

Y cuando alguno de estos escapaba, ¡Dios me lo perdone!, que mil veces le daba al diablo. Y el que se moría otras tantas bendiciones llevaba de mí dichas. Porque en todo el tiempo que allí estuve, que sería cuasi seis meses, solas veinte personas fallecieron, y éstas bien creo que las maté yo o, por mejor decir, murieron a mi recuesta; porque viendo el Señor mi rabiosa y continua muerte, pienso que holgaba de matarlos por darme a mi vida. Más de lo que al presente padecía, remedio no hallaba, que si el día que enterrábamos yo vivía, los días que no había muerto, por quedar bien vezado de la hartura, tornando a mi cuotidiana hambre, más lo sentía.

De manera que en nada hallaba descanso, salvo en la muerte, que yo también para mí como para los otros deseaba algunas veces; mas no la vía, aunque estaba siempre en mí.

Pensé muchas veces irme de aquel mezquino amo, mas por dos cosas lo dejaba: la primera, por no me atrever a mis piernas, por temer de la flaqueza que de pura hambre me venía; y la otra, consideraba y decía:

"Yo he tenido dos amos: el primero traíame muerto de hambre y, dejándole, topé con estotro, que me tiene ya con ella en la sepultura. Pues si deste desisto y doy en otro más bajo, ¿qué será sino fenecer?"

Con esto no me osaba menear, porque tenía por fe que todos los grados había de hallar más ruines. Y a bajar otro punto, no sonara Lázaro ni se oyera en el mundo.

Pues, estando en tal aflicción, cual plega al Señor librar della a todo fiel cristiano, y sin saber darme consejo, viéndome ir de mal en peor, un día que el cuitado ruin y lacerado de mi amo había ido fuera del lugar, llegóse acaso a mi puerta un calderero, el cual yo creo que fue ángel enviado a mí por la mano de Dios en aquel hábito. Preguntóme si tenía algo que adobar.

"En mí teníades bien que hacer, y no haríades poco si me remediásedes",

dije paso, que no me oyó .

Mas como no era tiempo de gastarlo en decir gracias, alumbrado por el Spiritu Santo, le dije:

"Tío, una llave de este arcaz he perdido, y temo mi señor me azote. Por vuestra vida, veáis si en esas que traéis hay alguna que le haga, que yo os lo pagaré."

Comenzó a probar el angélico calderero una y otra de un gran sartal que dellas traía, y yo ayudalle con mis flacas oraciones.

Cuando no me cato, veo en figura de panes, como dicen, la cara de Dios dentro del arcaz; y, abierto, díjele:

"Yo no tengo dineros que os dar por la llave, mas tomad de ahí el pago."

Él tomó un bodigo de aquéllos, el que mejor le pareció, y

dándome mi llave se fue muy contento, dejándome más a mí. Mas no toqué en nada por el presente, porque no fuese la falta sentida, y aún, porque me vi de tanto bien señor, parecióme que la hambre no se me osaba allegar. Vino el mísero de mi amo, y quiso Dios no miró en la oblada que el ángel había llevado.

Y otro día, en saliendo de casa, abro mi paraíso panal, y tomo entre las manos y dientes un bodigo, y en dos credos le hice invisible, no se me olvidando el arca abierta; y comienzo a barrer la casa con mucha alegría, pareciéndome con aquel remedio remediar dende en adelante la triste vida. Y así estuve con ello aquel día y otro gozoso. Mas no estaba en mi dicha que me durase mucho aquel descanso, porque luego al tercer día me vino la terciana derecha, y fue que veo a deshora al que me mataba de hambre sobre nuestro arcaz volviendo y revolviendo, contando y tornando a contar los panes.

Yo disimulaba, y en mi secreta oración y devociones y plegarias decía:

"¡Sant Juan y ciégale!"

Después que estuvo un gran rato echando la cuenta, por días y dedos contando, dijo:

"Si no tuviera a tan buen recaudo esta arca, yo dijera

que me habían tomado della panes; pero de hoy más, sólo por cerrar la puerta a la sospecha, quiero tener buena cuenta con ellos: nueve quedan y un pedazo."

"¡Nuevas malas te dé Dios!",

dije yo entre mí.

Parecióme con lo que dijo pasarme el corazón con saeta de montero, y comenzóme el estómago a escarbar de hambre, viéndose puesto en la dieta pasada. Fue fuera de casa; yo, por consolarme, abro el arca, y como vi el pan, comencélo de adorar, no osando recebillo.

Contélos, si a dicha el lacerado se errara, y hallé su cuenta más verdadera que yo quisiera. Lo más que yo pude hacer fue dar en ellos mil besos y, lo más delicado que yo pude, del partido partí un poco al pelo que él estaba; y con aquel pase aquel día, no tan alegre como el pasado.

Mas como la hambre creciese, mayormente que tenía el estómago hecho a más pan aquellos dos o tres días ya dichos, moría mala muerte; tanto, que otra cosa no hacía en viéndome solo sino abrir y cerrar el arca y contemplar en aquella cara de Dios, que ansí dicen los niños. Mas el mesmo Dios, que socorre a los afligidos, viéndome en tal estrecho, trujo a mi memoria un pequeño remedio; que, considerando entre mí, dije:

"Este arquetón es viejo y grande y roto por algunas partes, aunque pequeños agujeros. Puédese pensar que ratones, entrando en él, hacen daño a este pan. Sacarlo entero no es cosa conveniente, porque verá la falta el que en tanta me hace vivir. Esto bien se sufre."

Y comienzo a desmigajar el pan sobre unos no muy costosos manteles que allí estaban; y tomo uno y dejo otro, de manera que en cada cual de tres o cuatro desmigajé su poco; después, como quien toma gragea, lo comí, y algo me consolé. Mas él, como viniese a comer y abriese el arca, vio el mal pesar, y sin duda creyó ser ratones los que el daño habían hecho, porque estaba muy al propio contrahecho de como ellos lo suelen hacer. Miró todo el arcaz de un cabo a otro y viole ciertos agujeros por do sospechaba habían entrado. Llamóme, diciendo:

"*¡Lázaro! ¡Mira, mira qué persecución ha venido aquesta noche por nuestro pan!*"

Yo híceme muy maravillado, preguntándole qué sería.

"*¡Qué ha de ser! -dijo él-. Ratones, que no dejan cosa a vida.*"

Pusímonos a comer, y quiso Dios que aún en esto me fue bien, que me cupo más pan que la lacería que me solía dar, porque rayo con un cuchillo todo lo que pensó ser ratonado, diciendo:

"*Cómete eso, que el ratón cosa limpia es.*"

Y así aquel día, añadiendo la ración del trabajo de mis manos, o de mis uñas, por mejor decir, acabamos de comer, aunque yo nunca empezaba. Y luego me vino otro sobresalto, que fue verle andar solícito, quitando clavos de las paredes y buscando tablillas, con las cuales clavó y cerró todos los agujeros de la vieja arca.

"¡Oh, Señor mío! -dije yo entonces-, ¡a cuánta miseria y fortuna y desastres estamos puestos los nacidos, y cuán poco duran los placeres de esta nuestra trabajosa vida! Heme aquí que pensaba con este pobre y triste remedio remediar y pasar mi laceria, y estaba ya cuanto que alegre y de buena ventura; mas no quiso mi desdicha, despertando a este lacerado de mi amo y poniéndole más diligencia de la que él de suyo se tenía (pues los míseros por la mayor parte nunca de aquélla carecen), agora, cerrando los agujeros del arca, cierrase la puerta a mi consuelo y la abriese a mis trabajos."

Así lamentaba yo, en tanto que mi solícito carpintero con muchos clavos y tablillas dio fin a sus obras, diciendo:

"Agora, donos traidores ratones, conviéneos mudar propósito, que en esta casa mala medra tenéis."

De que salió de su casa, voy a ver la obra y hallé que no dejó en la triste y vieja arca agujero ni aun por donde le pudiese entrar un mosquito. Abro con mi desaprovechada llave, sin esperanza de sacar provecho, y vi los dos o tres panes comenzados, los que mi amo creyó ser ratonados, y dellos todavía saqué alguna laceria, tocándolos muy ligeramente, a uso de esgrimidor diestro. Como la necesidad sea tan gran maestra, viéndome con tanta, siempre, noche y día, estaba pensando la manera que ternía en sustentar el vivir; y pienso, para hallar estos negros remedios, que me era luz la hambre, pues dicen que el ingenio con ella se avisa y al contrario con la hartura, y así era por cierto en mí.

Pues estando una noche desvelado en este pensamiento, pensando cómo me podría valer y aprovecharme del arcaz, sentí que mi amo dormía, porque lo mostraba con roncar y en unos resoplidos grandes que daba cuando estaba durmiendo. Levantéme muy quedito y, habiendo en el día pensado lo que había de hacer y dejado un cuchillo viejo que por allí andaba en parte do le hallase, voyme al triste arcaz, y por do había mirado tener menos defensa le acometí con el cuchillo, que a manera de barreno dél usé. Y como la antiquísima arca, por ser de tantos años, la hállase sin fuerza y corazón, antes muy blanda y carcomida, luego se me rindió, y consintió en su costado por mi remedio un buen agujero. Esto hecho, abro muy paso la llagada arca y, al tiento, del pan que hallé partido hice según de yuso está escrito. Y con aquello algún tanto consolado, tornando a cerrar, me volví a mis pajas, en las cuales reposé y dormí un poco, lo cual yo hacía mal, y echábalo al no comer; y ansí sería, porque cierto en aquel tiempo no me debían de quitar el sueño los cuidados del rey de Francia.

Otro día fue por el señor mi amo visto el daño así del pan como del agujero que yo había hecho, y comenzó a dar a los diablos los ratones y decir:

"¿Qué diremos a esto? ¡Nunca haber sentido ratones en esta casa sino agora!"

Y sin duda debía de decir verdad; porque si casa había de haber en el reino justamente de ellos privilegiada, aquélla de razón había de ser, porque no suelen morar donde no hay qué comer. Torna a buscar clavos por la casa y por las paredes y tablillas a atapárselos. Venida la noche y su reposo, luego era yo puesto en pie con mi aparejo, y cuantos él tapaba de día, destapaba yo de noche. En tal manera fue, y tal priesa nos dimos, que sin duda por esto se debió decir:

"Donde una puerta se cierra, otra se abre."

Finalmente, parecíamos tener a destajo la tela de Penélope, pues cuanto él tejía de día, rompía yo de noche; ca en pocos días y noches pusimos la pobre despensa de tal forma, que quien quisiera propiamente della hablar, más corazas viejas de otro tiempo que no arcaz la llamara, según la clavazón y tachuelas sobre sí tenía.

De que vio no le aprovechar nada su remedio, dijo:

"Este arcaz está tan maltratado y es de madera tan vieja y flaca, que no habrá ratón a quien se defienda; y va ya tal que, si andamos más con él, nos dejará sin guarda; y aun lo peor, que aunque hace poca, todavía hará falta faltando, y me pondrá en costa de tres o cuatro reales. El mejor remedio que hallo, pues el de hasta aquí no aprovecha, armaré por de dentro a estos ratones malditos."

Luego buscó prestada una ratonera, y con cortezas de queso que a los vecinos pedía, contino el gato estaba armado dentro del arca, lo cual era para mí singular auxilio; porque, puesto caso que yo no había menester muchas salsas para comer, todavía me holgaba con las cortezas del queso que de la ratonera sacaba, y sin esto no perdonaba el ratonar del bodigo.

Como hallase el pan ratonado y el queso comido y no cayese el ratón que lo comía, dábase al diablo, preguntaba a los vecinos qué podría ser comer el queso y sacarlo de la ratonera, y no caer ni quedar dentro el ratón, y hallar caída la trampilla del gato.

Acordaron los vecinos no ser el ratón el que este daño hacia, porque no fuera menos de haber caído alguna vez. Díjole un vecino:

"En vuestra casa yo me acuerdo que solía andar una culebra, y ésta debe ser sin duda. Y lleva razón que, como es larga, tiene lugar de tomar el cebo; y aunque la coja la trampilla encima, como no entre toda dentro, tornase a salir."

Cuadró a todos lo que aquél dijo, y alteró mucho a mi amo; y dende en adelante no dormía tan a sueño suelto, que cualquier gusano de la madera que de noche sonase, pensaba ser la culebra que le roía el arca. Luego era puesto en pie, y con un garrote que a la cabecera, desde que aquello le dijeron, ponía, daba en la pecadora del arca grandes garrotazos, pensando espantar la culebra. A los vecinos despertaba con el estruendo que hacía, y a mi no me dejaba dormir. Íbase a mis pajas y trastornábalas, y a mí con ellas, pensando que se iba para mí y se envolvía en mis pajas o en mi sayo, porque le decían que de noche acaecía a estos animales, buscando calor, irse a las cunas donde están criaturas y aún mordellas y hacerles peligrar. Yo las más veces hacía del dormido, y en las mañanas decíame él:

"Esta noche, mozo, ¿no sentiste nada? Pues tras la culebra anduve, y aun pienso se ha de ir para ti a la cama, que son muy frías y buscan calor."

"Plega a Dios que no me muerda -decía yo-, que harto miedo le tengo."

De esta manera andaba tan elevado y levantado del sueño, que, mi fe, la culebra (o culebro, por mejor decir) no osaba roer de noche ni levantarse al arca; mas de día, mientras estaba en la iglesia o por el lugar, hacía mis saltos: los cuales daños viendo él y el poco remedio que les podía poner, andaba de noche, como digo, hecho trasgo.

Yo hube miedo que con aquellas diligencias no me topase con la llave que debajo de las pajas tenía, y parecióme lo más seguro metella de noche en la boca. Porque ya, desde que viví con el ciego, la tenía tan hecha bolsa que me acaeció tener en ella doce o quince maravedís, todo en medias blancas, sin que me estorbasen el comer; porque de otra manera no era señor de una blanca que el maldito ciego no cayese con ella, no dejando costura ni remiendo que no me buscaba muy a menudo.

Pues ansí, como digo, metía cada noche la llave en la boca, y dormía sin recelo que el brujo de mi amo cayese con ella; mas cuando la desdicha ha de venir, por demás es diligencia. Quisieron mis hados, o por mejor decir mis pecados, que una noche que estaba durmiendo, la llave se me puso en la boca, que abierta debía tener, de tal manera y postura, que el aire y resoplo que yo durmiendo echaba salía por lo hueco de la llave, que de cañuto era, y silbaba, según mi desastre quiso, muy recio, de tal manera que el sobresaltado de mi amo lo oyó y creyó sin duda ser el silbo de la culebra; y cierto lo debía parecer.

Levantóse muy paso con su garrote en la mano, y al tiento y sonido de la culebra se llegó a mí con mucha quietud, por no ser sentido de la culebra; y como cerca se vio, pensó que allí en las pajas do yo estaba echado, al calor m o se había venido. Levantando bien el palo, pensando tenerla debajo y darle tal garrotazo que la matase, con toda su fuerza me descargó en la cabeza un tan gran golpe, que sin ningún sentido y muy mal descalabrado me dejó.

Como sintió que me había dado, según yo debía hacer gran sentimiento con el fiero golpe, contaba él que se había llegado a mí y dándome grandes voces, llamándome, procuro recordarme. Mas como me tocase con las manos, tentó la mucha sangre que se me iba, y conoció el daño que me había hecho, y con mucha priesa fue a buscar lumbre. Y llegando con ella, hallóme quejando, todavía con mi llave en la boca, que nunca la desamparé, la mitad fuera, bien de aquella manera que debía estar al tiempo que silbaba con ella.

Espantado el matador de culebras qué podría ser aquella llave, miróla, sacándomela del todo de la boca, y vio lo que era, porque en las guardas nada de la suya diferenciaba. Fue luego a proballa, y con ella probó el maleficio. Debió de decir el cruel cazador:

"El ratón y culebra que me daban guerra y me comían mi hacienda he hallado."

De lo que sucedió en aquellos tres días siguientes ninguna fe daré, porque los tuve en el vientre de la ballena; mas de cómo esto que he contado oí, después que en mí torné, decir a mi amo, el cual a cuantos allí venían lo contaba por extenso.

A cabo de tres días yo torné en mi sentido y vine echado en mis pajas, la cabeza toda emplastada y llena de aceites y ungüentos y, espantado, dije:

"¿Qué es esto?"

Respondióme el cruel sacerdote:

"A fe que los ratones y culebras que me destruían ya los he cazado."

Y miré por mí, y vime tan maltratado que luego sospeché mi mal.

A esta hora entró una vieja que ensalmaba, y los vecinos, y comiénzanme a quitar trapos de la cabeza y curar el garrotazo. Y como me hallaron vuelto en mi sentido, holgáronse mucho y dijeron:

> *"Pues ha tornado en su acuerdo, placerá a Dios no será nada."*

Ahí tornaron de nuevo a contar mis cuitas y a reírlas, y yo, pecador, a llorarlas. Con todo esto, diéronme de comer, que estaba transido de hambre, y apenas me pudieron remediar. Y ansí, de poco en poco, a los quince días me levanté y estuve sin peligro, más no sin hambre, y medio sano.

Luego otro día que fui levantado, el señor mi amo me tomó por la mano y sacóme la puerta fuera y, puesto en la calle, díjome:

> *"Lázaro, de hoy más eres tuyo y no mío. Busca amo y vete con Dios, que yo no quiero en mi compañía tan diligente servidor. No es posible sino que hayas sido mozo de ciego."*

Y santiguándose de mí como si yo estuviera endemoniado, tornase a meter en casa y cierra su puerta.

P.139

- **Maqueda** : 마께다, 또리호스(Torrijos)와 에스칼로나(Escalona) 사이의 지역, 유대인들이 사는 곳으로 유명
- **me toparon mis pecados con un clérigo(=mis pecados me hicieron topar con un clérigo)** : 나의 업보가 나로 하여금 한 성직자를 만나게 하다
- **una dellas(=una de ellas)** : 그것들 중의 하나
- **Escapé del trueno y di en el relámpago** : 천둥을 피하려다 벼락을 맞은 격이다. (첫번째 주인보다 더 지독함을 비유한 말)
- **Alejandro Magno** : 위인 알렉산더 대왕(알렉산더는 관대함의 상징인 인물)
- **anexar** : 라틴어적인 표현으로 '부가하다, 얻게 되다'
- **hábito** : 승려복, 습관, 버릇
- **la clerecía** : 승직, 성직자단

P.140

- **el arcaz** : 큰 궤짝
- **agujeta** : 노끈, 큰 바늘
- **paletoque** : 망토, 머리에 쓰는 외투
- **bodigo** : 제물로 바치기 위해 고급 밀가루로 만든 작은 빵, 여자들이 교회에 봉납하던 빵
- **tocino** : 베이컨, 돼지의 비곗살
- **humero** : 굴뚝
- **canastillo** : 버들가지로 만든 작은 광주리
- **una horca de cebollas** : 양파 한 고리
- **falsopecto** : 속주머니
- **con gran continencia(=muy continentemente)** : 아주 힘들게
- **las conservas de Valencia** : 발렌시아의 모든 통조림
- **desmandar** : 명령 · 주문을 변경시키다, 취소하다

- **a más de mi tasa** : 내게 정해진 양 이상으로
- **blanca** : 스페인의 옛날 화폐, 동전

P.141

- **¡tan blanco el ojo!(=me quedaba tan en blanco como el blanco del ojo, esto es, sin probarlo)** : 눈의 흰자만큼, 즉 맛을 볼 수 없을 정도로 적은 양을 주었는데
- **demediar** : 반으로 가르다
- **el cogote** : 목덜미
- **quijada** : 턱뼈
- **roído** : 갉아먹힌, 갉힌
- **roer** : 쓸다, 갉다, 갉아내다
- **que para ti es el mundo(=que el mundo es para ti)** : 세상이 다 네 것이다
- **paso** : 낮은 목소리로
- **darle salto(=asaltar, hurtar)** : 훔치다
- **con faltarle aquel preciado sentido** : 귀중한 감각의 결함으로, 앞을 보지 못했으므로

P.142

- **estotro(=este y otro)** : 이밖의, 다른 또 하나의
- **ninguno hay que tan aguda vista tuviese como él tenía(=Hay ninguno que tuviese tan aguda vista como él)** : 이 자는 그 누구보다두 예리한 시각을 갖고 있었다
- **ofertorio** : 성찬 봉헌, 봉헌의 기도
- **concha** : 조개껍질 모양의 그릇(헌금통을 일컫는 말)
- **el casco(=cabeza)** : 머리
- **azogue** : 수은(=mercurio)
- **concheta** : de concha의 축소형, concha는 조개를 의미

P.143

- **desmandarse** : 법에 어긋나는 짓을 하다, 탈선 행위를 하다
- **cofradía** : 신도단, 신불참례의 모임
- **mortuorio** : 장례
- **a costa ajena** : 남의 부담으로, 남의 돈으로
- **saludador(=curandero)** : 주술가, 돌팔이 의사
- **dar sacramento** : 성례를 행하다, 성채를 주다
- **la extremauncíon** : 종부성사
- **aqueste** : 지시 형용사 este, esta의 고어
- **a mi recuesta(=por mis ruegos y oraciones)** : 나의 기도로
- **rabioso** : 격렬한

P.144

- **remedio** : 방도, 방책
- **vezado(=avezado, acostumbrado)** : 길들이다
- **hartura** : 포식, 뚱보(=copia), 만족
- **cuotidiano(=cotidiano)** : 일상의, 매일의
- **topar(=encontrar)** : 마주치다, 만나다
- **menear** : 일을 적당히 처리하다, 실행에 옮기다
- **grado** : (계단의) 층계, 정도, 등급
- **a bajar otro punto** : 한 단계 더 내려간다면
- **aflicción** : 슬픔, 탄식
- **de mal en peor** : 악화되다
- **cuitado** : 슬픔에 젖은, 생각에 잠긴
- **acaso** : 우연히

P.145

- **calderero** : 수리공
- **en aquel hábito(=en aquel vestido)** : 그런 차림으로
- **adobar(=arreglar, componer)** : 고치다, 수선하다
- **de este arcaz(=de este arte)** : 이런 식으로 된

- **sartal(=sarta) :** 염주처럼 꿴 것, 고리
- **flacas oraciones :** 빈약한 기도
- **cuando no me cato :** 미처 생각지도 못하고 있을 때
- **catar :** 살피다, 〜에 눈길을 주다
  catarse : 알아채다
- **Cara de Díos :** 신의 얼굴, 보통 바닥에 떨어진 빵을 지칭하는 표현 으로 여기서는 '궤속의 빵'을 가리킨다.

P.146

- **dejándome más o mí(=dejándeme a mí más contento) :** 더 기 뻐하는 나를 뒤로 하고
- **tocar en nada :** 아무 것도 건드리지 않다, tocar 동사를 자동사 취 급했다.
- **por el presente :** 현재로, 당장은
- **el paraíso panal(=al praíso de pan) :** 빵이 있는 천국, 궤짝을 가 리키는 말
- **en dos credos(=en cen credo) :** 잠깐 사이에
- **la terciana derecha :** 3일열, 3일마다 열이 오르는 질병(훔친 후, 3일만에 일어났으므로)
- **a deshora(=de repente) :** 별안간, 돌연히
- **plegaria(=oración) :** 기원, 기도
- **San Juan :** 성 요한, 하인과 하녀들의 수호신
- **recaudo :** 경계, 주의
- **a (buen) recaudo :** 단단히, 조심하여

P.147

- **de hoy más :** 오늘 이후
- **por cerrar la puerta a la sospecha :** 이런 의심이 나지 않도록
- **saeta(=flecha) :** 화살
- **montero :** 사냥꾼, 몰잇꾼
- **escarbar :** (벅벅) 긁다, 후비다

P.148

- **a dicha(=por dicha)** : 요행히, 재수좋게, 다행히
- **al pelo** : 결을 따라, 잘라진 방향대로, 마음 먹었던 대로, 안성 마춤으로
- **hecho a(=acostumbrado de)** : 길들여진
- **en tal estrecho(=estrachez)** : 그러한 궁핍 속에서
- **arquetón** : arca의 증대형
- **desmigajar** : 부수다, 분쇄하다
- **gragea** : 색색으로 만든 작은 과자의 일종

P.149

- **al propio** : 적절하게
- **contrahecho(=imitado)** : 모조한, 위조한, 모양이 볼품 없는
- **por do sospechaba(=por donde sospechaba)** : 의심이 가는 곳
- **híceme muy maravillado(=me fingí muy maravillado)** : 굉장히 놀란 척 했다
- **no dejan cosa a vida** : 그냥 놔두지 않다
- **el ratón cosa limpia es** : 쥐는 깨끗하다, 꼬바루비아스(Covarrubias)에 따르면 "더러운 짐승은 부패함에서 만들어 진다"라고 했으므로 이 문장은 통렬한 조소를 담고 있는 것으로 보인다.
- **andar solícito** : 무진 애를 쓰며 돌아다니다
- **tablilla** : tabla의 축소형

P.150

- **Heme aquí** : 내가 여기 있다, He는 haber의 변화형으로서 He aquí (allá, ahí)는 '여기(저기, 거기)에 있다'를 의미한다.
- **ya cuanto que(=sin echar tanto que vino)** : 그로 인해, 그 때문에
- **en tanto que(=mientras)** : ~하는 동안에
- **donos traidores** : donos는 Don, Dono의 복수형, 비아냥거리는 의미로 존칭어를 사용하고 있다.
- **medra(=progreso, aumento)** : 성장, 증대

- **De que salió(=Al punto que salió)** : 그가 나가자 마자
- **sacar provecho(=aprovechar)** : 이익을 얻다
- **a uso de** : ～하는 식으로, ～하듯이, ～의 관습에 따라, ～등으로
- **esgrmidor** : 검술가
- **diestro(=hábil)** : 숙련된

P.151

- **resoplido(=resoplo)** : 거친 숨소리
- **quedito, quedo** : 조용한(=quieto), 조용히(=que damente), 신중히, 다소곳이
- **barreno** : 송곳 구멍
- **carcomer** : 좀 먹다, 벌레먹다
- **llagar** : 상처를 입히다
- **yuso(=abajo)** : 아래쪽
- **lo cual yo hacía mal(=no dormía bien)** : 잠을 제대로 자지 못하다
- **echarlo a ～(=achacarlo a ～)** : ～의 탓으로 돌리다
  echar : (자물쇠 등을) 잠그다
- **rey de Francia** : 프랑스 국왕

P.152

- **dar a los diablos** : 저주하다
- **morar** : 살다, 정주하다
- **tener a destajo** : 청부받다
- **a destajo** : 부지런히
- **tela de Penélope** : 페넬로페(Penélope)는 남편이 없는 사이 많은 구혼자들을 물리치기 위해 옷감을 다 짤 때까지 결혼하지 않겠다고 말하고 낮에 짠 옷감을 밤에는 모두 풀었다.
- **despensa** : 식료품 저장소, 선반
- **coraza** : 차단벽
- **tacheula** : tacha(흠, 결점)의 축소형

P.153

- **sin guarda** : 보초 · 감시인 없이(보호받지 못하다)
- **real** : 스페인의 주화
- **armaré** : 덫이나 고양이를 놓을 것이다.
- **ratonera** : 쥐구멍
- **contino(=continuo)** : 잇댄, 이어진
- **menester(=haber menester)** : 필요로 하다
- **trampilla** : trampa(함정)의 축소형
- **no ser menos de inf.(=ser posible)** : ~할 수도 있다

P.154

- **culebra** : 뱀
- **cebo** : 미끼, 먹이, 도화선
- **Cuadró(=Les preció bien)** : ~의 마음에 들다
- **Cuadrar** : (무엇을 하려고) 준비하다, 계획을 세우다
- **dormir a sueño** : 느긋하게 자다
- **era puesto en pie(=se ponía en pie)** : 일어섰다
- **garrote, garrotazo** : 몽둥이로 때리기
- **pecador** : triste, negro, pobre 등처럼 유감을 나타내는 어휘
- **sayo** : 가운, 겉옷
- **hacer de + 형/분사(=fingir, disimular)** : ~인 척하다

P.155

- **andaba tan elevado(=andaba tan arrobado, distraído)** : 잠을 제대로 자지 못하다
- **trasgo(=duende que revuelve las cosos)** : 장난꾸러기, 개구쟁이
- **no cayese con ella(=no diera con ella, no cayera en ella)** : 주지 않았다
- **remiendo** : 덧댄 천, 보수
- **hado** : 숙명, 운명, 인과(=destino, suerto)
- **cañuto** : 갈대, 대나무 등의 마디 사이, 마디 하나

P.156

- **descalabrado :** 머리가 터진, 부상당한
- **recordarme(=despertarme, volver en sí) :** 정신을 되찾다
- **tentar :** 손으로 찾다(=palpar), 조사하다, 살피다
- **priesa(=prisa) :** 서두름, 황급
- **lumbre :** 불, 등불, 빛
- **desamparar :** 저버리다, 단념하다
- **del todo :** 완전히
- **las guardas :** (자물쇠 통의) 열쇠꼭지

P.157

- **vientre de la ballena :** 고래 뱃속, 성서 중에 나오는 말로 선지자 요나(Jonás)가 하나님 말씀을 거역하고 풍랑을 만나 물고기 뱃속에서 3일 밤낮을 지낸 일
- **en mí torné(=torné en mi sentido) :** 제 정신을 차렸다
- **a cuantos allí venían :** 오는 사람 모두에게
- **emplastado :** 고약을 바른
- **ungüento :** 고약, 연고, 향유
- **ensalmar(=curar con ensalmos y oraciones) :** 기도로 고치다, 안수하다

P.158

- **no será nada :** 상처가 별 게 아니다
- **cuita :** 슬픔, 노고
- **transido :** 괴로와하는, 고민하는
- **otro día(=al día siguiente) :** 다음 날

Tratado Tercero

Cómo Lázaro se asentó con un escudero, y de lo que le acaeció con él

Desta manera me fue forzado sacar fuerzas de flaqueza y, poco a poco, con ayuda de las buenas gentes di conmigo en esta insigne ciudad de Toledo, adonde con la merced de Dios dende a quince días se me cerró la herida; y mientras estaba malo, siempre me daban alguna limosna, más después que estuve sano,

todos me decían:

"Tú, bellaco y gallofero eres. Busca, busca un amo a quien sirvas."

"¿Y adónde se hallará ese -decía yo entre mí- si Dios agora de nuevo, como crió el mundo, no le criase?"

Andando así discurriendo de puerta en puerta, con harto

poco remedio, porque ya la caridad se subió al cielo, topóme Dios con un escudero que iba por la calle con razonable vestido, bien peinado, su paso y compás en orden. Miróme, y yo a él, y díjome:

"*Mochacho, ¿buscas amo?*"

Yo le dije:

"*Sí, señor.*"

"*Pues vente tras mí -me respondió- que Dios te ha hecho merced en topar comigo. Alguna buena oración rezaste hoy.*"

Y seguíle, dando gracias a Dios por lo que le oí, y también que me parecía, según su hábito y continente, ser el que yo había menester.

Era de mañana cuando este mi tercero amo topé, y llevóme tras sí gran parte de la ciudad. Pasábamos por las plazas do se vendía pan y otras provisiones. Yo pensaba y aun deseaba que allí me quería cargar de lo que se vendía, porque ésta era propia hora cuando se suele proveer de lo necesario; mas muy a tendido paso pasaba por estas cosas.

"*Por ventura no lo ve aquí a su contento -decía yo- y*

querrá que lo compremos en otro cabo."

Desta manera anduvimos hasta que dio las once. Entonces se entró en la iglesia mayor, y yo tras él, y muy devotamente le vi oír misa y los otros oficios divinos, hasta que todo fue acabado y la gente ida. Entonces salimos de la iglesia.

A buen paso tendido comenzamos a ir por una calle abajo. Yo iba el más alegre del mundo en ver que no nos habíamos ocupado en buscar de comer. Bien consideré que debía ser hombre, mi nuevo amo, que se proveía en junto, y que ya la comida estaría a punto tal y como yo la deseaba y aun la había menester.

En este tiempo dio el reloj la una después de mediodía, y llegamos a una casa ante la cual mi amo se paró, y yo con él; y derribando el cabo de la capa sobre el lado izquierdo, sacó una llave de la manga y abrió su puerta y entramos en casa; la cual tenía la entrada oscura y lóbrega de tal manera que parece que ponía temor a los que en ella entraban, aunque dentro della estaba un patio pequeño y razonables cámaras.

Desque fuimos entrados, quita de sobre sí su capa y, preguntando si tenía las manos limpias, la sacudimos y doblamos, y muy limpiamente soplando un poyo que allí estaba, la puso en él. Y hecho esto, sentóse cabo della, preguntándome muy por extenso de dónde era y cómo había venido a aquella ciudad; y yo le dí más larga cuenta que quisiera, porque me parecía más conveniente hora de mandar poner la mesa y escudillar la olla que de lo que me pedía.

Con todo eso, yo le satisfice de mi persona lo mejor que mentir supe, diciendo mis bienes y callando lo demás, porque me parecía no ser para en cámara.

Esto hecho, estuvo ansí un poco, y yo luego vi mala señal, por ser ya casi las dos y no le ver más aliento de comer que a un muerto.

Después desto, consideraba aquel tener cerrada la puerta con llave ni sentir arriba ni abajo pasos de viva persona por la casa. Todo lo que yo había visto eran paredes, sin ver en ella silleta, ni tajo, ni banco, ni mesa, ni aun tal arcaz como el de marras. Finalmente, ella parecía casa encantada. Estando así, díjome:

"Tú, mozo, ¿has comido?"

"No, señor -dije yo-, que aún no eran dadas las ocho cuando con vuestra merced encontré."

"Pues, aunque de mañana, yo había almorzado, y cuando ansí como algo, hágote saber que hasta la

noche me estoy ansí. Por eso, pásate como pudieres, que después cenaremos."

Vuestra merced crea, cuando esto le oí, que estuve en poco de caer de mi estado, no tanto de hambre como por conocer de todo en todo la fortuna serme adversa. Allí se me representaron de nuevo mis fatigas, y torné a llorar mis trabajos; allí se me vino a la memoria la consideración que hacía cuando me pensaba ir del clérigo, diciendo que aunque aquél era desventurado y mísero, por ventura toparía con otro peor: finalmente, allí lloré mi trabajosa vida pasada y mi cercana muerte venidera. Y con todo, disimulando lo mejor que pude:

"Señor, mozo soy que no me fatigo mucho por comer, bendito Dios. Deso me podré yo alabar entre todos mis iguales por de mejor garganta, y ansí fui yo loado della hasta hoy día de los amos que yo he tenido."

"Virtud es ésa -dijo él- y por eso te querré yo más, porque el hartar es de los puercos y el comer regladamente es de los hombres de bien."

"¡Bien te he entendido! -dije yo entre mí- ¡maldita tanta medicina y bondad como aquestos mis amos que yo hallo hallan en la hambre!"

Púseme a un cabo del portal y saqué unos pedazos de pan

del seno, que me habían quedado de los de por Dios. Él, que vio esto, díjome:

"*Ven acá, mozo. ¿Qué comes?*"

Yo lleguéme a él y mostréle el pan. Tomóme él un pedazo, de tres que eran: el mejor y más grande. Y díjome:

"*Por mi vida, que parece éste buen pan.*"

"*¡Y cómo! ¿Agora -dije yo-, señor, es bueno?*"

"*Si, a fe -dijo él-. ¿Adónde lo hubiste?*
¿Si es amasado de manos limpias?"

"*No sé yo eso -le dije-; más a mí no me pone asco el sabor dello.*"

"*Así plega a Dios*"

dijo el pobre de mi amo. Y llevándolo a la boca, comenzó a dar en él tan fieros bocados como yo en lo otro.

"*Sabrosísimo pan está -dijo-, por Dios.*"

Y como le sentí de qué pie coxqueaba, dime priesa, porque le vi en disposición, si acababa antes que yo, se comediría a ayudarme a lo que me quedase; y con esto acabamos casi a una.

Y mi amo comenzó a sacudir con las manos unas pocas migajas, y bien menudas, que en los pechos se le habían quedado, y entró en una camareta que allí estaba, y sacó un jarro desbocado y no muy nuevo, y desque hubo bebido convidóme con él. Yo, por hacer del continente, dije:

"Señor, no bebo vino."

"Agua es, -me respondió -. Bien puedes beber."

Entonces tomé el jarro y bebí, no mucho, porque de sed no era mi congoja. Ansí estuvimos hasta la noche, hablando en cosas que me preguntaba, a las cuales yo le respondí lo mejor que supe. En este tiempo metióme en la cámara donde estaba el jarro de que bebimos, y díjome:

"Mozo, párate allí y verás, cómo hacemos esta cama,
para que la sepas hacer de aquí adelante."

Púseme de un cabo y él de otro y hecimos la negra cama, en la cual no había mucho que hacer, porque ella tenía sobre unos bancos un cañizo, sobre el cual estaba tendida la ropa que, por no estar muy continuada a lavarse, no parecía colchón, aunque servía dél, con harta menos lana que era menester.

Aquél tendimos, haciendo cuenta de ablandalle, lo cual era imposible, porque de lo duro mal se puede hacer blando. El diablo del enjalma maldita la cosa tenía dentro de sí, que puesto sobre el cañizo todas las cañas se señalaban y parecían a lo proprio entrecuesto de flaquísimo puerco; y sobre aquel hambriento colchón un alfamar del mismo jaez, del cual el color yo no pude alcanzar. Hecha la cama y la noche venida, díjome:

"*Lázaro, ya es tarde, y de aquí a la plaza hay gran trecho. También en esta ciudad andan muchos ladrones que siendo de noche capean. Pasemos como podamos y mañana, venido el día, Dios hará merced; porque yo, por estar solo, no estoy proveído, antes he comido estos días por allá fuera, más agora hacerlo hemos de otra manera.*"

"*Señor, de mí -dije yo- ninguna pena tenga vuestra merced, que sé pasar una noche y aún más, si es menester, sin comer.*"

"*Vivirás más y más sano -me respondió-, porque como decíamos hoy, no hay tal cosa en el mundo para vivir mucho que comer poco.*"

"*Si por esa vía es -dije entre mí-, nunca yo moriré,*

que siempre he guardado esa regla por fuerza, y aun
espero en mi desdicha tenella toda mi vida."

Y acostóse en la cama, poniendo por cabecera las calzas y el jubón, y mandóme echar a sus pies, lo cual yo hice; mas ¡maldito el sueño que yo dormí! Porque las cañas y mis salidos huesos en toda la noche dejaron de rifar y encenderse, que con mis trabajos, males y hambre, pienso que en mi cuerpo no había libra de carne; y también, como aquel día no había comido casi nada, rabiaba de hambre, la cual con el sueño no tenía amistad. Maldíjeme mil veces «¡Dios me lo perdone!» y a mi ruin fortuna, allí lo más de la noche, y (lo peor) no osándome revolver por no despertalle, pedí a Dios muchas veces la muerte.

La mañana venida, levantámonos, y comienza a limpiar y sacudir sus calzas y jubón y sayo y capa ¡Y yo que le servía de pelillo! Y vístese muy a su placer de espacio. Echéle aguamanos, peinóse y puso su espada en el talabarte y, al tiempo que la ponía, díjome:

"¡Oh, si supieses, mozo, qué pieza es ésta! No hay
marco de oro en el mundo por que yo la diese. Más ansí
ninguna de cuantas Antonio hizo, no acertó a ponelle
los aceros tan prestos como ésta los tiene."

Y sacóla de la vaina y tentóla con los dedos, diciendo:

"*¿Vesla aquí? Yo me obligo con ella cercenar un copo de lana.*"

Y yo dije entre mí :

"*Y yo con mis dientes, aunque no son de acero, un pan de cuatro libras.*"

Tornóla a meter y ciñósela y un sartal de cuentas gruesas del talabarte, y con un paso sosegado y el cuerpo derecho, haciendo con él y con la cabeza muy gentiles meneos, echando el cabo de la capa sobre el hombro y a veces so el brazo, y poniendo la mano derecha en el costado, salió por la puerta, diciendo:

"*Lázaro, mira por la casa en tanto que voy a oír misa, y haz la cama, y ve por la vasija de agua al río, que aquí bajo está, y cierra la puerta con llave, no nos hurten algo, y ponla aquí al quicio, porque si yo viniere en tanto pueda entrar.*"

Y súbese por la calle arriba con tan gentil semblante y continente, que quien no le conociera pensara ser muy cercano pariente al conde de Arcos, o a lo menos camarero que le daba de vestir.

"*¡Bendito seáis vos, Señor -quedé yo diciendo-, que dais la enfermedad y ponéis el remedio! ¿Quién encontrara a aquel mi señor que no piense, según el contento de sí lleva, haber anoche bien cenado y dormido en buena cama, y aun agora es de mañana, no le cuenten por muy bien almorzado? ¡Grandes secretos son, Señor, los que vos hacéis y las gentes ignoran! ¿A quién no engañará aquella buena disposición y razonable capa y sayo y quién pensará que aquel gentil hombre se pasó ayer todo el día sin comer, con aquel mendrugo de pan que su criado Lázaro trujo un día y una noche en el arca de su seno, do no se le podía pegar mucha limpieza, y hoy, lavándose las manos y cara, a falta de paño de manos, se hacía servir de la halda del sayo? Nadie por cierto lo sospechará. ¡Oh Señor, y cuántos de aquéstos debéis vos tener por el mundo derramados, que padecen por la negra que llaman honra lo que por vos no sufrirían!*"

Ansí estaba yo a la puerta, mirando y considerando estas cosas y otras muchas, hasta que el señor mi amo traspuso la larga y angosta calle, y como lo vi trasponer, tornéme a entrar en casa, y en un credo la anduve toda, alto y bajo, sin hacer represa ni hallar en qué. Hago la negra dura cama y tomo el jarro y doy comigo en el río, donde en una huerta vi a mi amo en gran recuesta con dos rebozadas mujeres, al parecer de las

que en aquel lugar no hacen falta, antes muchas tienen por estilo de irse a las mañanicas del verano a refrescar y almorzar sin llevar qué por aquellas frescas riberas, con confianza que no ha de faltar quién se lo dé, según las tienen puestas en esta costumbre aquellos hidalgos del lugar.

Y como digo, él estaba entre ellas, hecho un Macías, diciéndoles más dulzuras que Ovidio escribió. Pero como sintieron del que estaba bien enternecido, no se les hizo de vergüenza pedirle de almorzar con el acostumbrado pago. Él, sintiéndose tan frío de bolsa cuanto estaba caliente del estómago, tomóle tal calofrío que le robo la color del gesto, y comenzó a turbarse en la plática y a poner excusas no válidas. Ellas, que debían ser bien instituidas, como le sintieron la enfermedad, dejáronle para el que era.

Yo, que estaba comiendo ciertos tronchos de berzas, con los cuales me desayuné, con mucha diligencia, como mozo nuevo, sin ser visto de mi amo, torné a casa, de la cual pensé barrer alguna parte, que era bien menester, mas no hallé con qué.

Púseme a pensar qué haría, y parecióme esperar a mi amo hasta que el día demediase y si viniese y por ventura trajese algo que comiésemos; mas en vano fue mi experiencia.

Desque vi ser las dos y no venía y la hambre me aquejaba, cierro mi puerta y pongo la llave do mandó, y tórnome a mi menester. Con baja y enferma voz e inclinadas mis manos en los senos, puesto Dios ante mis ojos y la lengua en su nombre, comienzo a pedir pan por las puertas y casas más grandes que me parecía. Mas como yo este oficio le hubiese mamado en la leche, quiero decir que con el gran maestro el ciego lo aprendí, tan suficiente discípulo salí que, aunque en este pueblo no había caridad ni el año fuese muy abundante, tan buena maña me di que, antes que el reloj diese las cuatro, ya yo tenía otras tantas libras de pan ensiladas en el cuerpo y más de otras dos en las mangas y senos. Volvíme a la posada y al pasar por la tripería pedí a una de aquellas mujeres, y diome un pedazo de uña de vaca con otras pocas de tripas cocidas.

Cuando llegué a casa, ya el bueno de mi amo estaba en ella, doblada su capa y puesta en el poyo, y él paseándose por el patio. Como entré, vínose para mí. Pensé que me quería reñir la tardanza, más mejor lo hizo Dios. Preguntóme dó venía. Yo le dije:

"Señor, hasta que dio las dos estuve aquí, y de que vi que vuestra merced no venía, fuime por esa ciudad a encomendarme a las buenas gentes, y hanme dado esto que veis."

Mostréle el pan y las tripas que en un cabo de la halda traía, a lo cual él mostró buen semblante y dijo:

"Pues esperado te he a comer, y de que vi que no veniste, comí. Mas tú haces como hombre de bien en eso, que más vale pedillo por Dios que no hurtallo, y ansí él me ayude como ello me parece bien. Y solamente te encomiendo no sepan que vives comigo, por lo que toca a mi honra, aunque bien creo que será secreto, según lo poco que en este pueblo soy conocido. !Nunca a él yo hubiera de venir!"

"De eso pierda, señor, cuidado -le dije yo-, que

maldito aquel que ninguno tiene de pedirme esa cuenta ni yo de dalla."

"Agora pues, come, pecador. Que, si a Dios place, presto nos veremos sin necesidad; aunque te digo que después que en esta casa entré, nunca bien me ha ido. Debe ser de mal suelo, que hay casas desdichadas y de mal pie, que a los que viven en ellas pegan la desdicha. Ésta debe de ser sin dubda de ellas; mas yo te prometo, acabado el mes, no quede en ella aunque me la den por mía."

Sentéme al cabo del poyo y, porque no me tuviese por glotón, callé la merienda; y comienzo a cenar y morder en mis tripas y pan, y disimuladamente miraba al desventurado señor mío, que no partía sus ojos de mis faldas, que aquella sazón servían de plato. Tanta lástima haya Dios de mí como yo había dél, porque sentía lo que sentía, y muchas veces había por ello pasado y pasaba cada día.

Pensaba si sería bien comedirme a convidalle; mas por me haber dicho que había comido, temíame no aceptaría el convite.

Finalmente, yo deseaba aquel pecador ayudase a su trabajo del mío, y se desayunase como el día antes hizo, pues había mejor aparejo, por ser mejor la vianda y menos mi hambre.

Quiso Dios cumplir mi deseo, y aun pienso que el suyo, porque, como comencé a comer y el se andaba paseando llegóse a mí y díjome:

"Dígote, Lázaro, que tienes en comer la mejor gracia que en mi vida vi a hombre, y que nadie te lo verá hacer que no le pongas gana aunque no la tenga."

"La muy buena que tú tienes -dije yo entre mí- te hace parecer la mía hermosa."

Con todo, parecióme ayudarle, pues se ayudaba y me abría camino para ello, y díjele:

"Señor, el buen aparejo hace buen artífice. Este pan está sabrosísimo y esta uña de vaca tan bien cocida y sazonada, que no habría quien no convide con su sabor."

"¿Uña de vaca es?"

"Sí, señor."

"Dígote que es el mejor bocado del mundo, que no hay faisán que ansí me sepa."

"Pues pruebe, señor, y verá qué tal está."

Póngole en las uñas la otra y tres o cuatro raciones de pan de lo más blanco y asentóseme al lado, y comienza a comer como aquel que lo había gana, royendo cada huesecillo de aquéllos mejor que un galgo suyo lo hiciera.

"Con almodrote -decía- es éste singular manjar."

"Con mejor salsa lo comes tú",

respondí yo paso.

"Por Dios, que me ha sabido como si hoy no hubiera comido bocado."

"¡Ansí me vengan los buenos años como es ello!"

dije yo entre mí.

Pidióme el jarro del agua y díselo como lo había traído. Es señal que, pues no le faltaba el agua, que no le había a mi amo sobrado la comida. Bebimos, y muy contentos nos fuimos a dormir como la noche pasada. Y por evitar prolijidad, desta manera estuvimos ocho o diez días, yéndose el pecador en la mañana con aquel contento y paso contado a papar aire por las calles, teniendo en el pobre Lázaro una cabeza de lobo.

Contemplaba yo muchas veces mi desastre, que escapando de los amos ruines que había tenido y buscando mejoría, viniese a topar con quien no sólo no me mantuviese, mas a quien yo había de mantener.

Con todo, le quería bien, con ver que no tenía ni podía más, y antes le había lástima que enemistad; y muchas veces, por llevar a la posada con que él lo pasase, yo lo pasaba mal.

Porque una mañana, levantándose el triste en camisa, subió a lo alto de la casa a hacer sus menesteres, y en tanto yo, por salir de sospecha, desenvolvíle el jubón y las calzas que a la cabecera dejó, y hallé una bolsilla de terciopelo raso hecho cien dobleces y sin maldita la blanca ni señal que la hubiese tenido mucho tiempo.

"Éste -decía yo- es pobre y nadie da lo que no tiene.
Mas el avariento ciego y el malaventurado mezquino
clérigo que, con dárselo Dios a ambos, al uno de mano
besada y al otro de lengua suelta, me mataban de
hambre, aquéllos es justo desamar y aquéste de haber
mancilla."

Dios es testigo que hoy día, cuando topo con alguno de su hábito, con aquel paso y pompa, le he lástima, con pensar si padece lo que aquél le vi sufrir; al cual con toda su pobreza holgaría de servir más que a los otros por lo que he dicho.

Sólo tenía de él un poco de descontento: que quisiera yo me no tuviera tanta presunción, más que abajara un poco su fantasía con lo mucho que subía su necesidad. Mas, según me parece, es regla ya entre ellos usada y guardada; aunque no haya cornado de trueco, ha de andar el birrete en su lugar. El Señor lo remedie, que ya con este mal han de morir. Pues, estando yo en tal estado, pasando la vida que digo, quiso mi mala fortuna, que de perseguirme no era satisfecha, que en aquella trabajada y vergonzosa vivienda no durase. Y fue, como el año en esta tierra fuese estéril de pan, acordaron el Ayuntamiento que todos los pobres extranjeros se fuesen de la ciudad, con pregón que el que de allí adelante topasen fuese punido con azotes. Y así, ejecutando la ley, desde a cuatro días que el pregón se dio, vi llevar una procesión de pobres azotando por las Cuatro Calles, lo cual me puso tan gran espanto, que nunca osé desmandarme a demandar. Aquí viera, quien vello pudiera, la abstinencia de mi casa y la tristeza y silencio de los moradores, tanto que nos acaeció estar dos o tres días sin comer bocado, ni hablaba palabra. A mí diéronme la vida unas mujercillas hilanderas de algodón, que hacían bonetes y vivían par de nosotros, con las cuales yo tuve vecindad y conocimiento; que de la laceria que les traían me daban alguna cosilla, con la cual muy pasado me pasaba.

Y no tenía tanta lástima de mí como del lastimado de mi amo, que en ocho días maldito el bocado que comió. A lo menos, en casa bien lo estuvimos sin comer. No sé yo cómo o dónde andaba y qué comía.

¡Y velle venir a mediodía la calle abajo con estirado cuerpo, más largo que galgo de buena casta! Y por lo que toca a su negra que dicen honra, tomaba una paja de las que aun asaz no había en casa, y salía a la puerta escarbando los dientes que nada entre sí tenían, quejándose todavía de aquel mal solar diciendo:

"Malo está de ver, que la desdicha desta vivienda lo hace. Como ves, es lóbrega, triste, obscura. Mientras aquí estuviéremos, hemos de padecer. Ya deseo que se acabe este mes por salir della."

Pues, estando en esta afligida y hambrienta persecución un día, no sé por cuál dicha o ventura, en el pobre poder de mi amo entró un reál, con él cual el vino a casa tan ufano como si tuviera el tesoro de Venecia; y con gesto muy alegre y risueño me lo dio, diciendo:

"Toma, Lázaro, que Dios ya va abriendo su mano. Ve a la plaza y merca pan y vino y carne: ¡quebremos el ojo al diablo! Y más, te hago saber, porque te huelgues,

que he alquilado otra casa, y en esta desastrada no
hemos de estar más de en cumpliendo el mes. !Maldita
sea ella y el que en ella puso la primera teja, que con
mal en ella entré! Por Nuestro Señor, cuanto ha que en
ella vivo, gota de vino ni bocado de carne no he
comido, ni he habido descanso ninguno; mas ¡tal vista
tiene y tal obscuridad y tristeza! Ve y ven presto, y
comamos hoy como condes."

Tomo mi real y jarro y a los pies dándoles priesa, comienzo a
subir mi calle encaminando mis pasos para la plaza muy
contento y alegre. Mas ¿qué me aprovecha si esta constituido en
mi triste fortuna que ningún gozo me venga sin zozobra? Y ansí
fue éste; porque yendo la calle arriba, echando mi cuenta en lo
que le emplearía que fuese mejor y más provechosamente
gastado, dando infinitas gracias a Dios que a mi amo había
hecho con dinero, a deshora me vino al encuentro un muerto,
que por la calle abajo muchos clérigos y gente en unas andas
traían. Arriméme a la pared por darles lugar, y desque el
cuerpo pasó, venían luego a par del lecho una que debía ser
mujer del difunto, cargada de luto, y con ella otras muchas
mujeres; la cual iba llorando a grandes voces y diciendo:

"Marido y señor mío, ¿adónde os me llevan? ¡A la
casa triste y desdichada, a la casa lóbrega y obscura, a
la casa donde nunca comen ni beben!"

Yo, que aquello oí, juntóseme el cielo con la tierra, y dije:

"*¡Oh desdichado de mí! Para mi casa llevan este muerto.*"

Dejo el camino que llevaba y hendí por medio de la gente, y vuelvo por la calle abajo a todo el más correr que pude para mi casa, y entrando en ella cierro a grande priesa, invocando el auxilio y favor de mi amo, abrazándome dél, que me venga a ayudar y a defender la entrada. El cual algo alterado, pensando que fuese otra cosa, me dijo:

"*¿Qué es eso, mozo? ¿Qué voces das? ¿Qué has? ¿Por qué cierras la puerta con tal furia?*"

"*¡Oh señor -dije yo- acuda aquí, que nos traen acá un muerto!*"

"*¿Cómo así?*", respondió él.

"*Aquí arriba lo encontré, y venía diciendo su mujer: «Marido y señor mío: ¿adónde os llevan? ¡A la casa lóbrega y oscura, a la casa triste y desdichada, a la casa donde nunca comen ni beben!» Acá, señor, nos le traen.*"

Y ciertamente, cuando mi amo esto oyó, aunque no tenía

por que estar muy risueño, río tanto que muy gran rato estuvo sin poder hablar. En este tiempo tenía ya yo echada la aldaba a la puerta y puesto el hombro en ella por más defensa. Pasó la gente con su muerto, y yo todavía me recelaba que nos le habían de meter en casa; y después fue ya más harto de reír que de comer, el bueno de mi amo díjome:

"Verdad es, Lázaro; según la viuda lo va diciendo, tú tuviste razón de pensar lo que pensaste. Mas, pues Dios lo ha hecho mejor y pasan adelante, abre, abre, y ve por de comer."

"Déjalos, señor, acaben de pasar la calle", dije yo.

Al fin vino mi amo a la puerta de la calle, y ábrela esforzándome, que bien era menester, según el miedo y alteración, y me torno a encaminar. Mas aunque comimos bien aquel día, maldito el gusto yo tomaba en ello, ni en aquellos tres días torné en mi color; y mi amo muy risueño todas las veces que se le acordaba aquella mi consideración.

De esta manera estuve con mi tercero y pobre amo, que fue este escudero, algunos días, y en todos deseando saber la intención de su venida y estada en esta tierra; porque desde el primer día que con él asenté, le conocí ser estranjero, por el poco conocimiento y trato que con los naturales della tenía. Al fin se cumplió mi deseo y supe lo que deseaba; porque un día que habíamos comido razonablemente y estaba algo contento, contóme su hacienda y díjome ser de Castilla la Vieja, y que había dejado su tierra no más de por no quitar el bonete a un caballero su vecino.

"Señor -dije yo- si él era lo que decís y tenía más que vos, ¿no errábades en no quitárselo primero, pues decís que él también os lo quitaba?"

"Sí es, y sí tiene, y también me lo quitaba él a mí; mas, de cuantas veces yo se le quitaba primero, no fuera malo comedirse él alguna y ganarme por la mano."

"Paréceme, señor -le dije yo- que en eso no mirara, mayormente con mis mayores que yo y que tienen más."

"Eres mochacho -me respondió- y no sientes las cosas de la honra, en que el día de hoy está todo el caudal de los hombres de bien. Pues te hago saber que yo soy, como ves, un escudero; mas ¡vótote a Dios!, si al conde topo en la calle y no me quita muy bien quitado del todo el bonete, que otravez que venga, me sepa yo entrar en una casa, fingiendo yo en ella algún negocio, o atravesar otra calle, si la hay, antes que llegue a mí, por *no quitárselo. Que un hidalgo no debe a otro que a Dios y al rey nada, ni es justo, siendo hombre de bien, se descuide un punto de tener en mucho su persona. Acuérdome que un día deshonré en mi tierra a un oficial, y quise ponerle las manos, porque cada vez que le topaba me decía: «Mantenga Dios a vuestra merced.» «Vos, don villano ruin -le dije yo- ¿por qúe no sois bien criado? ¿'Manténgaos Dios', me habéis de decir, como si fuese quienquiera?» De allí adelante, de aquí acullá, me quitaba el bonete y hablaba como debía."*

"¿Y no es buena manera de saludar un hombre a otro -dije yo- decirle que le mantenga Dios?"

"¡Mira mucho de enhoramala! -dijo él-. A los hombres de poca arte dicen eso, mas a los más altos, como yo, no les han de hablar menos de: «Beso las manos de vuestra merced», o por lo menos: «Bésoos, señor, las manos», si el que me habla es caballero. Y ansí, de aquél de mi tierra que me atestaba de mantenimiento nunca más le quise sufrir, ni sufriría ni sufriré a hombre del mundo, del rey abajo, que «Manténgaos Dios» me diga."

"Pecador de mí -dije yo-, por eso tiene tan poco cuidado de mantenerte, pues no sufres que nadie se lo

ruegue."

"Mayormente -dijo- que no soy tan pobre que no tengo en mi tierra un solar de casas, que a estar ellas en pie y bien labradas, diez y seis leguas de donde nací, en aquella Costanilla de Valladolid, valdrían más de doscientas veces mil maravedís, según se podrían hacer grandes y buenas; y tengo un palomar que, a no estar derribado como está, daría cada año más de doscientos palominos; y otras cosas que me callo, que dejé por lo que tocaba a mi honra. Y vine a esta ciudad, pensando que hallaría un buen asiento, mas no me ha sucedido como pensé. Canónigos y señores de la iglesia, muchos hallo, mas es gente tan limitada que no los sacarán de su paso todo el mundo. Caballeros de media talla, también me ruegan; mas servir con éstos es gran trabajo, porque de hombre os habéis de convertir en malilla y si no, «Anda con Dios» os dicen. Y las más veces son los pagamentos a largos plazos, y las más y las más ciertas, comido por servido. Ya cuando quieren reformar conciencia y satisfaceros vuestros sudores, sois librados en la recámara, en un sudado jubón o raída capa o sayo. Ya cuando asienta un hombre con un señor de título, todavía pasa su laceria. ¿Pues por ventura no hay en mí habilidad para servir y contestar a éstos? Por Dios, si con él topase, muy gran su privado pienso que

fuese y que mil servicios le hiciese, porque yo sabría mentille tan bien como otro, y agradalle a las mil maravillas: reílle ya mucho sus donaires y costumbres, aunque no fuesen las mejores del mundo; nunca decirle cosa con que le pesase, aunque mucho le cumpliese; ser muy diligente en su persona en dicho y hecho; no me matar por no hacer bien las cosas que él no había de ver, y ponerme a reñir, donde lo oyese, con la gente de servicio, porque pareciese tener gran cuidado de lo que a él tocaba; si reñiese con algún su criado, dar unos puntillos agudos para la encender la ira y que pareciesen en favor del culpado; decirle bien de lo que bien le estuviese y, por el contrario, ser malicioso, mofador, malsinar a los de casa y a los de fuera; pesquisar y procurar de saber vidas ajenas para contárselas; y otras muchas galas de esta calidad que hoy día se usan en palacio. Y a los señores de él parecen bien, y no quieren ver en sus casas hombres virtuosos, antes los aborrecen y tienen en poco y llaman necios y que no son personas de negocios ni con quien el señor se puede descuidar. Y con éstos los astutos usan, como digo, el día de hoy, de lo que yo usaría. Mas no quiere mi ventura que le halle."

Desta manera lamentaba también su adversa fortuna mi amo, dándome relación de su persona valerosa.

Pues, estando en esto, entró por la puerta un hombre y una vieja. El hombre le pide el alquiler de la casa y la vieja el de la cama. Hacen cuenta, y de dos en dos meses le alcanzaron lo que él en un año no alcanzara: pienso que fueron doce o trece reales. Y él les dio muy buena respuesta: que saldría a la plaza a trocar una pieza de a dos, y que a la tarde volviese. Mas su salida fue sin vuelta. Por manera que a la tarde ellos volvieron, mas fue tarde. Yo les dije que aún no era venido. Venida la noche, y él no, yo hube miedo de quedar en casa solo, y fuime a las vecinas y contéles el caso, y allí dormí. Venida la mañana, los acreedores vuelven y preguntan por el vecino, mas a estotra puerta. Las mujeres le responden:

"Veis aquí su mozo y la llave de la puerta."

Ellos me preguntaron por él y díjele que no sabía adónde estaba y que tampoco había vuelto a casa desde que salió a trocar la pieza, y que pensaba que de mí y de ellos se había ido con el trueco. De que esto me oyeron, van por un alguacil y un escribano. Y helos do vuelven luego con ellos, y toman la llave, y llámanme, y llaman testigos, y abren la puerta, y entran a embargar la hacienda de mi amo hasta ser pagados de su deuda. Anduvieron toda la casa y halláronla desembarazada, como he contado, y dícenme:

"¿Qué es de la hacienda de tu amo, sus arcas y paños

de pared y alhajas de casa?"

"No sé yo eso", le respondí.

"Sin duda -dicen ellos- esta noche lo deben de haber alzado y llevado a alguna parte. Señor alguacil, prended a este mozo, que él sabe dónde está."

En esto vino el alguacil, y echóme mano por el collar del jubón, diciendo:

"Mochacho, tú eres preso si no descubres los bienes

deste tu amo."

Yo, como en otra tal no me hubiese visto (porque asido del collar, sí, había sido muchas e infinitas veces, mas era mansamente del trabado, para que mostrase el camino al que no vía) yo hube mucho miedo, y llorando prometíle de decir lo que preguntaban.

"Bien está -dicen ellos-, pues di todo lo que sabes, y no hayas temor."

Sentóse el escribano en un poyo para escribir el inventario, preguntándome qué tenía.

"Señores -dije yo-, lo que este mi amo tiene, según él me dijo, es un muy buen solar de casas y un palomar derribado."

"Bien está -dicen ellos-. Por poco que eso valga, hay para nos entregar de la deuda. ¿Y a qué parte de la ciudad tiene eso?", me preguntaron.

"En su tierra", respondí.

"Por Dios, que está bueno el negocio -dijeron ellos-. ¿Y adónde es su tierra?"

"De Castilla la Vieja me dijo él que era",

le dije yo.

Riéronse mucho el alguacil y el escribano, diciendo:

"Bastante relación es ésta para cobrar vuestra deuda,
aunque mejor fuese."

Las vecinas, que estaban presentes, dijeron:

"Señores, éste es un niño inocente, y ha pocos días
que está con ese escudero, y no sabe dél más que
vuestras mercedes, sino cuánto el pecadorcico se llega
aquí a nuestra casa, y le damos de comer lo que
podemos por amor de Dios, y a las noches se iba a
dormir con él."

Vista mi inocencia, dejáronme, dándome por libre. Y el
alguacil y el escribano piden al hombre y a la mujer sus
derechos, sobre lo cual tuvieron gran contienda y ruido,
porque ellos alegaron no ser obligados a pagar, pues no había
de qué ni se hacía el embargo.

Los otros decían que habían dejado de ir a otro negocio que
les importaba más por venir a aquél. Finalmente, después de
dadas muchas voces, al cabo carga un porquerón con el viejo

alfámar de la vieja, aunque no iba muy cargado. Allá van todos cinco dando voces. No sé en qué paró. Creo yo que el pecador alfamar pagara por todos, y bien se empleaba, pues el tiempo que había de reposar y descansar de los trabajos pasados, se andaba alquilando.

Así, como he contado, me dejó mi pobre tercero amo, do acabé de conocer mi ruin dicha, pues, señalándose todo lo que podría contra a mí, hacía mis negocios tan al revés, que los amos, que suelen ser dejados de los mozos, en mí no fuese ansí, mas que mi amo me dejase y huyese de mí.

P.167
- **escudero** : (스페인) 시골귀족
- **di conmigo(=me encontré en)** : ~에 있으면서
- **insigne(=célebre)** : 유명한, 명성있는
- **dende(=después de ~)** : ~한 후에
- **bellaco** : 마음씨 나쁜, 의문스러운
- **gallofero** : 빈둥빈둥 노는, 무료 배식(gallofa)으로 먹고 사는
- **de nuevo(=por primera vez)** : 처음으로, 태초에
- **discurrir(=andar de un lugar en otro, ir de un lado a otro)** : 이리 저리 떠돌다

P.168
- **compás(=tamaño)** : 크기
- **hacer merced en inf.** : ~하는 은혜를 베풀다
- **según su hábito** : 옷차림에 따르면
- **provisión** : 식료품, 양식
- **a tendido** : 뒤도 안 돌아보고 뛰어가는
- **por ventura** : 아마도, 대체적으로
- **a su contento(=a su gusto)** : 그의 취향에 따라서

P.169
- **en otro cabo(=en otro lado, lugar)** : 다른 편에
- **proveerse en junto** : 함께 식사하다
- **estaría a punto** : 다 준비되어 있을 것이다, 갖추어져 있을 것이다.
  a punto : 안성마춤으로, 제대로 준비하여, 갖추어
- **haber menester(=tener necesidad)** : 필요하면
- **lóbrego** : 어두운, 음침한
- **Desque(=Después de que)** : ~한 후에, 바로 ~하자마자
- **quito(quita)** : quitar 동사의 옛불규칙 과거분사, '자유로운, 벗어 던진'의 의미

- **escudillar la olla** : 수프를 제공하다
- **No ser para en cámara(=no ser conveniente, educado en cámara)** : 그 방에서는 적절치 않다
- **silleta** : 의자(silla)의 축소형
- **tajo** : 고기를 놓고 자르는 데 쓰이는 나무도구
- **el de marras(=el de antaño)** : 옛 것

- **en poco(=por poco)** : ～할 뻔하여
- **caer mi estado(=desvanecerme)** : 맥 빠지다, 김 빠지다
- **de todo en todo(=en todo y por todo)** : 완전히
- **adverso(=opuesto)** : 거역하는, 역의
- **Deso(=De eso)** : 그러니
- **loado(=alabado)** : 칭찬받는, 찬양받는
- **regladamente** : 절도 있게

- **de por Dios(=de por diosear)** : 구걸하여서
- **Si es ～** : 의구·의혹을 나타내는 의문어
- **amasar** : 밀가루를 반죽하다
- **estar en disposición** : ～할 기세이다
- **comedirse** : 준비하다

- **a una(=a un mismo teimpo)** : 동시에
- **migaja** : (쪼갤 때 흘리는 빵의) 부스러기, 쪼가리
- **camareta** : 골방
- **desbocado** : 주둥이가 넓은
- **convidar** : 권하다, 초대하다
- **párate(=ponte)** : 거기 있거라!
- **cañizo** : 갈대로 엮은 것

- **hacer cuenta de ~ :** ~를 고려하다, 안중에 두다
- **enjalma(=colchón o ropa que hacía sus veces) :** 길마, 종종 쿠션이나 의복 대용으로 사용됨
- **entrecuesto(=espinazo, solomillo) :** 등뼈, 등심살
- **alfamar(=cobertor, manta) :** 이불보, 모포
- **del mismo jaez(=de la misma clase) :** 같은 종류의, 마찬가지의
- **trecho :** 틈, 간격, 거리
- **capear(=robar capas) :** 날치기하다
- **no estoy proveído :** 준비가 되어 있지 않다

- **jubón :** (옛날) 조끼
- **rifar(=reñir, pelear) :** 싸우다, 사이가 틀어지다
- **sayo :** 가운, 겉옷
- **servir de pelillo(=hacer servicios de poca monta) :** 사소한 심부름 정도를 하다
- **de espacio(=despacio, de vagar, lentamente) :** 천천히, 느릿느릿
- **marco de oro :** 금 반 파운드
- **Antonio :** 카톨릭 왕 페르난도(Fernando)의 칼을 만들던 제검사(製劍師)

- **vaina :** 칼집
- **cercenar :** 둘레를 깎아내다
- **copo :** 꾸러미, 송이
- **ciñósela :** 칼을 허리춤에 차다
- **sartal(=rosario) :** 염주처럼 꿴 것, 묵주
- **talabarte :** 칼을 차는 데 쓰는 가죽 혁대
- **sosegado(=quieto) :** 부드러운, 조용한
- **meneo :** 흔들기, 흔들림
- **so :** 아래에

- **vasija :** 컵(vaso)의 축소형
- **al quicio(=escondida) :** 숨어서
- **semblante :** 외관, 용모

P.177

- **mendrugo** : (딱딱해진) 빵껍질, 빵부스러기
- **a falta de paños :** 수건도 없이
- **halda(=falda) :** 치마
- **la negra que llaman honra :** 명예라고들 부르는 불행
- **en un credo :** 잠시, 시간 단위로서 통속적인 어투이다.
- **represa(=sin demorarme) :** 제지, 억제, 만회
- **recuesta(=requerir de amores, cortejar) :** 비위를 맞추다
- **rebozar(=arrebozar) :** (얼굴을) 감싸다, 가리다

P.178

- **No hacen falta allí(=no suelen allí faltar que siempre van) :** 늘 그곳에 가곤 하다
- **mañanica :** 아침(mañana)의 축소형
- **Macías :** 마시아스, 사랑에 빠진 연인들의 상징, 전통에 따라 사랑 때문에 죽은 갈라시아의 서정시인
- **Ovidio :** 오비디우스, 그의 애정론을 넌지시 빗대서 말함.
- **enternecer(=ablandar) :** 부드럽게 하다
- **calofrío(=escalofrío) :** 오한, 한기

P.179

- **turbarse en la plática :** 이야기가 엉망이 되다
- **ser instituida(=ser impuesta, enseñada) :** 교육을 받은
- **troncho de berza :** 양배추 줄기
- **menester(=de mendigo) :** 필요, 필요성
- **demediar(=llegar a la mitad) :** 절반에 이르다
- **le hubiese mamado en la leche(=me he criado con ello) :** 그것으로 나를 키웠다

- **maña(=destreza, astucia)** : 재주, 재간, 간교함
- **ensilar** : 곡물을 사일로에 섞다

P.180

- **al pasar por la tripería** : 내장 파는 가게 앞을 지날 때
- **tripa(=intestino, vientre)** : 내장
- **poyo** : (입구, 벽가에 붙인) 붙박이 벤치
- **encomendarse a** : ~에게 의지하다, 부탁하다, 기대다
- **más vale pedirlo que hurtar** : 훔치는 것보다 구걸하는 게 낫다
- **toca a mi honra** : 내 명예에 관한 것이니, 관련이 있으니
- **De eso pierda, señor, cuidado** : 그 점은 염려마세요, 주인님.

P.181

- **de mal pie(=de mal agüero, de mal pronóstico)** : 불운한
- **glotón** : 포식하는, 대식가의.
- **callar la merienda** : 간식은 먹지 않는다
- **comedirse a onvidalle** : 함께 먹자고 권하다
- **convite(=invitación)** : 초대

P.182

- **vianda** : 식품, 요리
- **abrir camino(=facilitar)** : 용이하게 해주다
- **faisán** : 꿩, 장끼

P.183

- **como aquel que(=como quien)** : 그 사람처럼
- **huesecillo** : 뼈, 갈비뼈(hueso)의 축소형
- **galgo** : 그레이하운드 개(사냥개)
- **almodrote** : 기름, 마늘, 치즈, 그 외의 것들로 만든 소스
- **prolijidad** : 장황하고 따분함, 끈덕짐
- **a paso contado** : 일정한 걸음걸이로
- **papar aire** : 바람 쏘이다
- **cabeza de lobo** : 가련한, 가엾은

P.184

- **por salir de sospecha :** 의심의 여지를 없애기 위해서
- **jubón :** (옛날의) 조끼
- **hecho cien dobleces :** 백번쯤 접힌, 꼬깃꼬깃한
- **blanca :** 스페인의 화폐단위
- **de mano besada :** 손등에 입을 맞추고
- **desamar :** 정이 떨어지다, 멀리하다
- **mancilla(=mancha, desdoro) :** 오점, 흠
- **pompa :** 화려한 의식, 우쭐거리기

P.185

- **presunción :** 자부, 우쭐거리기
- **abajar su fantasía(=abajar su presunción y arrogancia) :** 오만함을 버리다, 콧대를 꺾다
- **Aunque no haya cornado de trueco(=ni un cornado o moneda tiene para cambiar) :** 땡전 한 푼 없이
- **cornado :** 동전처럼 쓰이는 돈
- **birrete :** (행사용) 대학교수의 모자
- **vivienda :** 사는 방식, 형태
- **pregón :** 방(榜)을 부르고 다니는 일
- **fuese punido(=fuese castigado) :** 형을 받은
- **Cuatro Calles :** 유태인들이 살던 지역
- **morador :** 사는, 거주자
- **bonete :** 사각모
- **par de nosotros(=igual que nosotros) :** 우리와 마찬가지로
- **pasado(=como la fruta pasada) :** 상한 과일처럼

P.186

- **bien lo estuvimos :** 일주일을 잘 지낸, 여기서 "lo"는 일주일간을 의미
- **de buena casta :** 혈통이 좋은

- **asaz(=bastante)** : 십분, 충분히
- **escarbar** : 긁다, 후비다
- **todavía(=siempre)** : 늘, 항상
- **ufano** : 우쭐해진, 의기양양한
- **Dios ya va abriendo su mano(=Dios empezó a ser generoso conmigo)** : 하나님께서 나를 축복하시기 시작하셨다
- **mercar(=comprar)** : 사다
- **quebremo el ojo al diablo** : 본래는 "hacer estrena en algo(즉, 첫 선을 보이다)"의 의미. 본문에서는 "hagamos rabiar el enemigo(원수를 짓밟아 버리자)"의 의미로 사용됨
- **en cumpliendo el mes** : 1개월만 채우고서

P.187

- **Ve y ven presto** : 가라, 빨리가거라
- **sin zozobra(=sin inquietud)** : 거침없이
- **echar cuentas en** : 어림하다, 대강 셈을 하다
- **a deshora** : 별안간, 돌연히
- **andas** : 관, 널
- **arrimarse a(=acercarse a~)** : ~로 다가가다, 가까이 가다
- **a par de(=junto a~)** : ~와 더불어, ~곁에서

P.188

- **juntarsele el cielo con la tierra(=acongojarse y apurarse mucho)** : 슬픔에 젖다, 고통스러워 하다
- **hendir(=hender)** : (공기, 물 등을) 가르며 날다
- **a todo el más correr que pude(=corriendo cuanto se puede)** : 최대한 빨리 달려

P.189

- **risueño** : 즐거운 듯한
- **en muy gran rato(=durante mucho tiempo)** : 오랫동안, 한동안
- **aldaba** : 문 두드리는 고리쇠

- **recelar(=preocupar)** : 우려하다, 걱정하다
- **ve por de comer(=ve a traer algo de comer)** : 먹을 것을 사러 가다
- **tornarse a inf.** : ～하기 시작하다

P.190

- **torné en mi color** : 혈색이 돌아오다
- **no más de(=sólo)** : 단지
- **ganar por la mano(=adelantárseme)** : (누구를) 앞지르다, 기선을 제압하다
- **caudal** : 자산, 자금
- **los hombres de bien** : 신용할 수 있는 사람
- **Vótote a Dios(=Voto a Díos)** : 신께 맹세컨대

P.191

- **al rey nada** : 국왕앞이 아니라면 그 누구 앞에서도
- **se descuida** : 방심 · 태만하다
- **un punto de(=un momento de～)** : ～하는 순간에
- **tener en mucho** : 존중하다
- **acullá** : 저쪽에
- **enhoramala** : 하필이면, 운나쁘게, 불행히도
- **de poca arte(=de poca categría social)** : 지위가 낮은 사람
- **atestar de mantenimiento(=llenar de mantenimiento)** : 신의 가호를 빌다
- **del rey abajo(=menos el rey, fuera del rey)** : 국왕이 아니라면

P.192

- **un solar de casa** : 부지, 집지을 곳
- **legua** : 이정, 거리의 단위 (=5.5727km)
- **costanilla** : 비탈길(costana)의 축소형
- **palomar** : 비둘기 집
- **palomino** : 비둘기 새끼
- **caballeros de media talla(=de porte mediano, no de ricos)** : 부유하지 못한 신사들

- **malilla :** 카드놀이에서 으뜸패
- **los pagamentos a largo plazo :** 장기상환
- **comido por servido(=sin otro pago que el mantenimiento) :** 급여를 식품으로 지급하다
- **sois librados en la recámara :** 이제 옷 돌보는 일은 안 해도 된다

P.193

- **Reírle hía(=le reiría) :** 그를 비웃을 것이다
- **matarse por(=tomar con empeño) :** 전념하다
- **malsinar(=denunciar) :** 비난하다
- **pesquisar(=inquirir) :** 조사하다
- **gala :** 나들이 옷, 정장
- **dándome relación de :** ~에 관해 언급하다

P.194

- **hacer cuenta :** 계산하다
- **trocar una pieza de a dos :** 두 사람에게 줄 돈을 바꾸다
- **alguacil :** 경찰
- **escribano :** 공증인
- **embargar :** 차압하다
- **Qué es de(=Qué le ha sucedido) :** 무슨 일이 있었느냐
- **alhaja :** 금, 은, 옷이 아니라 가구나 융단

P.195

- **alzar :** 챙겨넣다, 감추다
- **prender :** 체포하다

P.196

- **como en otra tal :** 이와 같은 상황에
- **trabado :** 꽁꽁 묶인

P.197

- **pecadorcico :** 죄인(pecador)의 축소형
- **sus derechos :** 수수료
- **dándome por libre(=librándome) :** 나를 풀어주고
- **embargo :** 차압, 억류
- **porquerón :** 순경(범인을 체포할 때 경찰을 도와주는 보조)

P.198

- **alfámar :** 색깔이 있는 모포

Tratado Cuarto

Cómo Lázaro se asentó con un fraile de la Merced, y de lo qule le acaeció con él

Hube de buscar el cuarto, y éste fue un fraile de la Merced, que las mujercillas que digo me encaminaron, al cual ellas le llamaban pariente: gran enemigo del coro y de comer en el convento, perdido por andar fuera, amicísimo de negocios seglares y visitar, tanto que pienso que rompía él más zapatos que todo el convento. Éste me dio los primeros zapatos que rompí en mi vida, mas no me duraron ocho días, ni yo pude con su trote durar más. Y por esto y por otras cosillas que no digo, salí dél.

- **fraile de Merced :** Merced 교단의 수도승
- **encaminar :** 길을 가르쳐주다
- **perdido por(=apasionado, ciego por) :** 정신을 잃다, 온통 빠져 있다
- **amicísimo :** 친구(amigo)의 최상급
- **seglar :** 세속의, 속인의
- **con su trote(=con su tanto callejear) :** 길을 배회하다
- **Otras cosillas que no digo :** 말하지 못한 무엇, 신부와 어린 라사로 사이에 어떤 사건이 있음을 추정케 한다.

Tratado Quinto

Cómo Lázaro se asentó con un buldero, y de las cosas que con él pasó

En el quinto por mi ventura di, que fue un buldero, el más desenvuelto y desvergonzado y el mayor echador dellas que jamás yo vi ni ver espero ni pienso que nadie vió; porque tenía y buscaba modos y maneras y muy sotiles invenciones.

En entrando en los lugares do habían de presentar la bula, primero presentaba a los clérigos o curas algunas cosillas, no tampoco de mucho valor ni substancia: una lechuga murciana, si era por el tiempo, un par de limas o naranjas, un melocotón, un par de duraznos, cada sendas peras verdiniales. Ansí procuraba tenerlos propicios porque favoreciesen su negocio y llamasen sus feligreses a tomar la bula. Ofreciéndosele a él las gracias, informábase de la suficiencia dellos. Si decían que entendían, no hablaba palabra en latín por no dar tropezón; mas aprovechábase de un gentil y bien cortado romance y desenvoltísima lengua. Y si sabia que los dichos clérigos eran de los reverendos, digo que más con dineros que con letras y con reverendas se ordena, hacíase entre ellos un Santo Tomás y hablaba dos horas en latín: a lo menos, que lo parecía aunque no lo era.

Cuando por bien no le tomaban las bulas, buscaba cómo por mal se las tomasen, y para aquello hacía molestias al pueblo e otras veces con mañosos artificios. Y porque todos los que le veía hacer sería largo de contar, diré uno muy sotil y donoso, con el cual probaré bien su suficiencia.

En un lugar de la Sagra de Toledo había predicado dos o tres días, haciendo sus acostumbradas diligencias, y no le habían tomado bula, ni a mi ver tenían intención de se la tomar.

Estaba dado al diablo con aquello y, pensando qué hacer, se acordó de convidar al pueblo, para otro día de mañana despedir la bula.

Y esa noche, después de cenar, pusiéronse a jugar la colación él y el alguacil, y sobre el juego vinieron a reñir y a haber malas palabras. Él llamó al alguacil ladrón, y el otro a él falsario.

Sobre esto, el señor comisario mi señor tomó un lanzón que en el portal do jugaban estaba. El aguacil puso mano a su espada, que en la cinta tenía. Al ruido y voces y que todos

dimos, acuden los huéspedes y vecinos y métense en medio, y ellos muy enojados procurándose desembarazar de los que en medio estaban, para se matar. Mas como la gente al gran ruido cargase y la casa estuviese llena della, viendo que no podían afrentarse con las armas, decíanse palabras injuriosas, entre las cuales el alguacil dijo a mi amo que era falsario y las bulas que predicaba que eran falsas.

Finalmente, que los del pueblo, viendo que no bastaban a ponellos en paz, acordaron de llevar el alguacil de la posada a otra parte.

Y así quedó mi amo muy enojado; y después que los huéspedes y vecinos le hubieron rogado que perdiese el enojo y se fuese a dormir, se fue, y así nos echamos todos.

La mañana venida, mi amo se fue a la iglesia y mandó tañer a misa y al sermón para despedir la bula. Y el pueblo se juntó, el cual andaba murmurando de las bulas, diciendo cómo eran falsas y que el mesmo alguacil riñendo lo había descubierto; de manera que tras que tenían mala gana de tomalla, con aquello de todo la aborrecieron.

El señor comisario se subió al púlpito y comienza su sermón, y a animar la gente a que no quedasen sin tanto bien e indulgencia como la santa bula traía. Estando en lo mejor del sermón, entra por la puerta de la iglesia el alguacil y, desque hizo oración, levantóse y con voz alta y pausada cuerdamente comenzó a decir:

"Buenos hombres, oídme una palabra, que después oiréis a quien quisieredes. Yo vine aquí con este echacuervos que os predica, el cual engañó y dijo que le favoreciese en este negocio y que partiríamos la ganancia. Y agora, visto el daño que haría a mi conciencia y a vuestras haciendas, arrepentido de lo hecho, os declaro claramente que las bulas que predica son falsas, y que no le creáis ni las toméis, y que yo no

soy parte en ellas, y que desde agora dejo la vara y doy con ella en el suelo; y si algún tiempo éste fuere castigado por la falsedad, que vosotros me seáis testigos cómo yo no soy con él ni le doy a ello ayuda, antes os desengaño y declaro su maldad."

Y acabó su razonamiento. Algunos hombres honrados que allí estaban se quisieron levantar y echar el alguacil fuera de la iglesia, por evitar escándalo. Mas mi amo les fue a la mano y mandó a todos que so pena de excomunión no le estorbasen, mas que le dejasen decir todo lo que quisiese. Y ansí, él también tuvo silencio, mientras el alguacil dijo todo lo que he dicho.

Como calló, mi amo le preguntó, si quería decir más, que lo dijese. El alguacil dijo:

"Harto hay más que decir de vos y de vuestra falsedad, mas por agora basta."

El señor comisario se hincó de rodillas en el púlpito y, puestas las manos y mirando al cielo, dijo ansí:

"Señor Dios, a quien ninguna cosa es escondida, antes todas manifiestas, y a quien nada es imposible, antes todo posible, tú sabes la verdad y cuán injustamente yo soy afrentado. En lo que a mí toca, yo

lo perdono porque Tú, Señor, me perdones. No mires a aquél que no sabe lo que hace ni dice; mas la injuria a ti hecha, te suplico, y por justicia te pido, no disimules; porque alguno que está aquí, que por ventura pensó tomar aquesta santa bula, dando crédito a las falsas palabras de aquel hombre, lo dejará de hacer. Y pues es tanto perjuicio del prójimo, te suplico yo, Señor, no lo disimules, mas luego muestra aquí milagro, y sea desta manera: que si es verdad lo que aquél dice y que traigo maldad y falsedad, este púlpito se hunda conmigo y meta siete estados debajo de tierra, do él ni yo jamás parezcamos. Y si es verdad lo que yo digo y aquél, persuadido del demonio, por quitar y privar a los que están presentes de tan gran bien, dice maldad, también sea castigado y de todos conocida su malicia."

Apenas había acabado su oración el devoto señor mío, cuando el negro alguacil cae de su estado y da tan gran golpe en el suelo que la iglesia toda hizo resonar, y comenzó a bramar y echar espumajos por la boca y torcella, y hacer visajes con el gesto, dando de pie y de mano, revolviéndose por aquel suelo a una parte y a otra. El estruendo y voces de la gente era tan grande, que no se oían unos a otros. Algunos estaban espantados y temerosos. Unos decían:

"El Señor le socorra y valga."

Otros:

"Bien se le emplea, pues levantaba tan falso testimonio."

Finalmente, algunos que allí estaban, y a mi parecer no sin harto temor, se llegaron y le trabaron de los brazos, con los cuales daba fuertes puñadas a los que cerca de él estaban. Otros le tiraban por las piernas y tuvieron reciamente, porque no había mula falsa en el mundo que tan recias coces tirase. Y así le tuvieron un gran rato, porque más de quince hombres estaban sobre él, y a todos daba las manos llenas, y si se descuidaban, en los hocicos.

A todo esto, el señor mi amo estaba en el púlpito de rodillas, las manos y los ojos puestos en el cielo, transportado en la divina esencia, que el planto y ruido y voces que en la iglesia había no eran parte para apartalle de su divina contemplación.

Aquellos buenos hombres llegaron a él, y dando voces le despertaron y le suplicaron quisiese socorrer a aquel pobre que estaba muriendo, y que no mirase a las cosas pasadas ni a sus dichos malos, pues ya dellos tenía el pago; mas si en algo podría aprovechar para librarle del peligro y pasión que padecía, por amor de Dios lo hiciese, pues ellos veían clara la culpa del culpado y la verdad y bondad suya, pues a su petición y venganza el Señor no alargó el castigo.

El señor comisario, como quien despierta de un dulce sueño, los miró y miró al delincuente y a todos los que alderredor estaban, y muy pausadamente les dijo:

"Buenos hombres, vosotros nunca habíades de rogar por un hombre en quien Dios tan señaladamente se ha señalado; mas pues él nos manda que no volvamos mal por mal y perdonemos las injurias, con confianza podremos suplicarle que cumpla lo que nos manda, y Su Majestad perdone a éste que le ofendió poniendo en su santa fe obstáculo. Vamos todos a suplicalle."

Y así bajó del púlpito y encomendó a que muy devotamente suplicasen a Nuestro Señor tuviese por bien de perdonar a aquel pecador, y volverle en su salud y sano juicio, y lanzar de él demonio, si su Majestad había permitido que por su gran pecado en él entrase. Todos se hincaron de rodillas, y delante del altar con los clérigos comenzaban a cantar con voz baja una letanía. Y viniendo él con la cruz y agua bendita, después de haber sobre él cantado, el señor mi amo, puestas las manos al cielo y los ojos que casi nada se le parecía sino un poco de blanco, comienza una oración no menos larga que devota, con la cual hizo llorar a toda la gente como suelen hacer en los sermones de Pasión, de predicador y auditorio devoto, suplicando a Nuestro Señor, pues no quería la muerte del pecador, sino su vida y arrepentimiento, que aquel encaminado por el demonio y persuadido de la muerte y pecado, le quisiese perdonar y dar vida y salud, para que se arrepintiese y confesase sus pecados.

Y esto hecho, mandó traer la bula y púsosela en la cabeza; y luego el pecador del alguacil comenzó poco a poco a estar mejor y tornar en sí. Y desque fue bien vuelto en su acuerdo, echóse a los pies del señor comisario y demandándole perdón, y confesó haber dicho aquello por la boca y mandamiento del demonio, lo uno por hacer a él daño y vengarse del enojo, lo otro y más principal, porque el demonio recibía mucha pena del bien que allí se hiciera en tomar la bula. El señor mi amo le perdonó, y fueron hechas las amistades entre ellos; y a tomar la bula hubo tanta priesa, que casi ánima viviente en el lugar no quedó sin ella: marido y mujer, e hijos e hijas, mozos y mozas.

Divulgóse la nueva de lo acaecido por los lugares comarcanos, y cuando a ellos llegábamos, no era menester sermón ni ir a la iglesia, que a la posada la venían a tomar como si fueran peras que se dieran de balde. De manera que en diez o doce lugares de aquellos alderredores donde fuimos, echó el señor mi amo otras tantas mil bulas sin predicar sermón.

Cuando él hizo el ensayo, confieso mi pecado que también fui dello espantado y creí que ansí era, como otros muchos; mas con ver después la risa y burla que mi amo y el alguacil llevaban y hacían del negocio, conocí como había sido industriado por el industrioso e inventivo de mi amo.

Acaeciónos en otro lugar, el cual no quiero nombrar por su honra, lo siguiente; y fue que mi amo predicó dos o tres sermones y do a Dios la bula tomaban. Visto por el asunto de mi amo lo que pasaba y que, aunque decía se fiaban por un año, no aprovechaba y que estaban tan rebeldes en tomarla y que su trabajo era perdido, hizo tocar las campanas para despedirse.

Y hecho su sermón y despedido desde el púlpito, ya que se quería abajar, llamó al escribano y a mí, que iba cargado con unas alforjas, e hízonos llegar al primer escalón, y tomó al alguacil las que en las manos llevaba y las que no tenía en las alforjas, púsolas junto a sus pies, y tornóse a poner en el púlpito con cara alegre y arrojar desde allí de diez en diez y de veinte en veinte de sus bulas hacia todas partes, diciendo:

"Hermanos míos, tomad, tomad de las gracias que Dios os envía hasta vuestras casas, y no os duela, pues es obra tan pía la redención de los captivos cristianos que están en tierra de moros. Porque no renieguen

nuestra santa fe y vayan a las penas del infierno, siquiera ayudadles con vuestra limosna y con cinco paternostres y cinco Ave Marías, para que salgan de cautiverio. Y aun también aprovechan para los padres y hermanos y deudos que tenéis en el Purgatorio, como lo veréis en esta santa bula."

Como el pueblo las vio ansí arrojar, como cosa que se daba de balde y ser venida de la mano de Dios, tomaban a más tomar, aun para los niños de la cuna y para todos sus defuntos, contando desde los hijos hasta el menor criado que tenían, contándolos por los dedos. Vímonos en tanta priesa, que a mí aínas me acabaran de romper un pobre y viejo sayo que traía, de manera que certifico a vuestra merced que en poco más de una hora no quedó bula en las alforjas, y fue necesario ir a la posada por más.

Acabados de tomar todos, dijo mi amo desde el púlpito a su escribano y al del concejo que se levantasen y, para que se supiese quiênes eran los que habían de gozar de la santa indulgencia y perdones de la santa bula y para que él diese buena cuenta a quien le había enviado, se escribiesen. Y así luego todos de muy buena voluntad decían las que habían tomado, contando por orden los hijos y criados y defuntos.

Hecho su inventario, pidió a los alcaldes que por caridad,

porque él tenía que hacer en otra parte, mandasen al escribano le diese autoridad del inventario y memoria de las que allí quedaban, que, según decía el escribano, eran más de dos mil.

Hecho esto, él se despidió con mucha paz y amor, y ansí nos partimos deste lugar; y aun, antes que nos partiésemos, fue preguntado él por el teniente cura del lugar y por los regidores si la bula aprovechaba para las criaturas que estaban en el vientre de sus madres, a lo cual él respondió que según las letras que él había estudiado que no, que lo fuesen a preguntar a los doctores más antiguos que él, y que esto era lo que sentía en este negocio. E ansí nos partimos, yendo todos muy alegres del buen negócio. Decía mi amo al alguacil y escribano:

"¿Qué os parece, cómo a estos villanos, que con sólo decir Cristianos viejos somos, sin hacer obras de caridad, se piensan salvar sin poner nada de su hacienda? Pues, por vida del licenciado Pascasio Gómez, que a su costa se saquen más de diez cautivos."

Y ansí nos fuimos hasta otro lugar de aquel cabo de Toledo, hacia la Mancha, que se dice, adonde topamos otros más obstinados en tomar bulas. Hechas mi amo y los demás que íbamos nuestras diligencias, en dos fiestas que allí estuvimos no se habían echado treinta bulas. Visto por mi amo la gran perdición y la mucha costa que traía, y la ardideza que el sotil de mi amo tuvo para hacer despender sus bulas, fue que este día dijo la misa mayor, y después de acabado el sermón y vuelto al altar, tomó una cruz que traía de poco mas de un palmo, y en un brasero de lumbre que encima del altar había, el cual habían traído para calentarse las manos porque hacía gran frío, púsole detrás del misal sin que nadie mirase en ello. Y allí, sin decir nada puso la cruz encima la lumbre y, ya que hubo acabado la misa y echada la bendición, tomóla con un pañizuelo, bien envuelta la cruz en la mano derecha y en la otra la bula, y ansí se bajó hasta la postrera grada del altar, adonde hizo que besaba la cruz, e hizo señal que viniesen adorar la cruz.

Y ansí vinieron los alcaldes los primeros y los más ancianos del lugar, viniendo uno a uno como se usa. Y el primero que llegó, que era un alcalde viejo, aunque él le dio a besar la cruz bien delicadamente, se abrasó los rostros y se quitó presto afuera. Lo cual visto por mi amo, le dijo:

"¡Paso, quedo, señor alcalde! ¡Milagro!"

Y ansí hicieron otros siete u ocho, y a todos les decía:

"¡Paso, señores! ¡Milagro!"

Cuando él vidó que los rostriquemados bastaban para testigos del milagro, no la quiso dar más a besar. Subióse al pie del altar y de allí decía cosas maravillosas, diciendo que por la poca caridad que había en ellos había Dios permitido aquel milagro y que aquella cruz había de ser llevada a la santa iglesia mayor de su Obispado; que por la poca caridad que en el pueblo había, la cruz ardía. Fue tanta la prisa que hubo en el tomar de la bula, que no bastaban dos escribanos ni los clérigos ni sacristanes a escribir. Creo de cierto que se tomaron más de tres mil bulas, como tengo dicho a vuestra merced.

Después, al partir él, fue con gran reverencia, como es razón, a tomar la santa cruz, diciendo que la había de hacer engastonar en oro, como era razón. Fùe rogado mucho del concejo y clérigos del lugar les dejase allí aquella santa cruz por memoria del milagro allí acaecido. Él en ninguna manera lo quería hacer y al fin, rogado de tantos, se la dejó.

Conque le dieron otra cruz vieja que tenían antigua de plata, que podrá pesar dos o tres libras, según decían.

Y ansí nos partimos alegres con el buen trueque y con haber negociado bien. En todo no vio nadie lo susodicho sino yo, porque me subí a par del altar para ver si había quedado algo en las ampollas, para ponello en cobro, como otras veces yo lo tenía de costumbre. Y como allí me vio, púsose el dedo en la boca haciéndome señal que callase. Yo ansí lo hice porque me cumplía, aunque, después que vi el milagro, no cabía en mi por echallo fuera, sino que el temor de mi astuto amo no me lo dejaba comunicar con nadie, ni nunca de mi salió, porque me tomó juramento que no descubriese el milagro. Y ansí lo hice hasta agora.

Y aunque mochacho, cayóme mucho en gracia, y dije entre mí:

"¡Cuántas déstas deben hacer estos burladores entre la inocente gente!"

Finalmente, estuve con este mi quinto amo cerca de cuatro meses, en los cuales pasé también hartas fatigas, aunque me daba bien de comer a costa de los curas y otros clérigos do iba a predicar.

P.211

- **buldero(=bulero)** : 면죄부(bula) 판매인
- **desenvuelto** : 느긋한
- **desvergonzado** : 뻔뻔스러운
- **echador dellas** : 면죄부가 무엇이며 무엇에 쓰이는가를 설명하는 훈계를 하다
- **bula** : 면죄부
- **presentaba(=regalaba, o hacía presente)** : 기증했다, 내보였다
- **murciano** : 무르시아 사람
- **lima** : 사탕구연열매
- **durazno** : 복숭아
- **cada sendas** : 각각 하나씩의
- **verdinal(=verdiñal)** : 푸른
- **feligres** : 신도, 신도단

P.212

- **reverendas** : (승려의) 교적 이전명장
- **tomar por mal** : 악한 면을 찾다
- **mañosos artificios** : 교묘한 궁리
- **donoso** : 매력있는, 말솜씨가 좋은
- **Sagra de Toledo** : 톨레도(Toledo)의 북동쪽
- **a mi ver** : 내가 보기에는
- **Estaba dado al diablo** : 악마에게 빠지다
- **despedir(=despachar)** : 처리하다, 보내다
- **jugar la colación** : 간식을 들다
  la colación : 간식, 간단한 식사
- **falsario** : 사기꾼
- **sobre esto(=después de esto)** : 이것 후에
- **lanzón** : (굵고 짧은 일종의) 투창

- **desembarazar :** (방해거리를) 치우다
- **palabras injuriosas :** 욕지거리

- **nos echamos todos(=nos acostamos para dormir) :** 잠자리에 들다
- **tañer a misa :** 미사를 집전하다
- **despedir la bula :** 면죄부를 나눠주다
- **tras que(=además de que) :** 더욱이, 게다가, ～외에도
- **púlpito :** 설교대, 단
- **pausado :** 더딘, 굼뜬, 차분히
- **cuerdamente :** 진지하게, 신중하게
- **echacuervos :** 사기꾼(특히 면죄부판매자를 지칭한다.)

- **vara :** 회초리, 막대기
- **en el suelo :** 치안관의 직책을 포기하였음을 뜻한다.
- **razonamiento :** 말, 이론
- **so pena de～ :** 반드시 ～의 고통을 받는다
- **Se hincó de rodillas :** 무릎을 꿇다
- **puestas las manos :** (기도하려고) 손을 모으고

- **injuria :** 모욕
- **disimular :** 용서하다
- **estado :** 길이의 단위 (7˝)
- **caer de su estado :** 실신하다
- **dar gran golpe en ～ :** ～에 크게 부딪히다
- **bramar :** 짖다, 으르렁거리다
- **espumajo(=espumarajo) :** 입에서 뿜는 거품
- **hacer visajes :** 얼굴을 찡그리다

P.217

- **hocico :** 주둥아리, 입
- **planto :** llanto의 라틴어식 표현
- **pasión(=padecimiento) :** 괴로움, 고통, 아픔

P.218

- **no volvamos mal por mal :** 악을 악으로 갚지 말자
- **tener por bien de ~ :** ~해주시옵소서
- **letanía :** 탄원의 기도
- **agua bendita :** 성수
- **pasión :** 수난절
- **tan poco de blanco :** 하늘을 열심히 바라보아 눈에 흰자위만 보였다는 의미

P.219

- **fornar en sí :** 정신을 차리다
- **ser vuelto en su acuerdo :** 제정신을 차리다
- **echóse a los pies de ~ :** 발밑에 몸을 던지다
- **de balde :** 무료로

P.220

- **ensayo(=engaño) :** 속임수

Tratado Sexto

Cómo Lázaro se asentó con un capellán, y lo que con él pasó

Después desto, asenté con un maestro de pintar panderos para molelle los colores, y también sufrí mil males.

Siendo ya en este tiempo buen mozuelo, entrando un día en la iglesia mayor, un capellán della me recibió por suyo, y púsome en poder un asno y cuatro cántaros y un azote, y comencé a echar agua por la ciudad. Este fue el primer escalón que yo subí para venir a alcanzar buena vida, porque mi boca era medida. Daba cada día a mi amo treinta maravedís ganados, y los sábados ganaba para mí, y todo lo demás, entre semana, de treinta maravedís.

Fueme tan bien en el oficio que al cabo de cuatro años que lo usé, con poner en la ganancia buen recaudo, ahorré para me vestir muy honradamente de la ropa vieja, de la cual compré un jubón de fustán viejo y un sayo raído de manga tranzada y puerta, y una capa que había sido frisada, y una espada de las viejas primeras de Cuéllar.

Desque me vi en hábito de hombre de bien, dije a mi amo se tomase su asno, que no quería más seguir aquel oficio.

Nota   Tratado 6

P.229

- **pintar pandero** : 작은 북을 그리다
- **capellán** : (교회) 사제
- **echar agua** : 물을 나누어 주다
- **mi boca era medida(=me llevaba la boca)** : 소리를 질러댔으니 (당시 물장수들은 물을 팔기 위해서 소리를 질렀다.)

P.230

- **un jubón de fustán** : 조끼
  fustán : 우단의 일종
- **sayo raído de manga tranzada** : 세가닥으로 꼬인 소매의 낡은 까운
- **frisado** : 견직물
- **Cuéllar** : 세고비아(Segovia)의 지방 마을로 칼이 유명하다.
- **se tomase su asno** : 그의 당나귀를 가져가라고

Tratado Séptimo

Cómo Lázaro se asentó con un alguacil, y de lo que le acaeció con él

D espedido del capellán, asente por hombre de justicia con un alguacil, mas muy poco viví con él, por parecerme oficio peligroso; mayormente, que una noche nos corrieron a mí y a mi amo a pedradas y a palos unos retraídos, y a mi amo, que espero, trataron mal, mas a mi no me alcanzaron. Con esto renegué del trato.

Y pensando en qué modo de vivir haría mi asiento por tener descanso y ganar algo para la vejez, quiso Dios alumbrarme y ponerme en camino y manera provechosa; y con favor que tuve de amigos y señores, todos mis trabajos y fatigas hasta entonces pasados fueron pagados con alcanzar lo que procuré, que fue un oficio real, viendo que no hay nadie que medre sino los que le tienen; en el cual el día de hoy vivo y residó a servicio de Dios y de Vuestra Merced.

Y es que tengo cargo de pregonar los vinos que en esta ciudad se venden, y en almonedas y cosas perdidas, acompañar los que padecen persecuciones por justicia y declarar a voces sus delitos: pregonero, hablando en buen romance, en el cual oficio un día que ahorcábamos un apañador en Toledo y llevaba una buena soga de esparto, conocí y caí en la cuenta de la sentencia que aquel mi ciego amo había dicho en Escalona, y me arrepentí del mal pago que le di por lo mucho que me enseñó, que, después de Dios, él me dio industria para llegar al estado que ahora esto.

Hame sucedido tan bien, yo le he usado tan fácilmente, que casi todas las cosas al oficio tocantes pasan por mi mano: tanto que en toda la ciudad el que ha de echar vino a vender o algo, si Lázaro de Tormes no entiende en ello, hacen cuenta de no sacar provecho.

En este tiempo, viendo mi habilidad y buen vivir, teniendo noticia de mi persona el señor arcipreste de Sant Salvador, mi señor, y servidor y amigo de vuestra merced, porque le pregonaba sus vinos, procuró casarme con una criada suya; y visto por mí que de tal persona no podía venir sino bien y favor, acordé de lo hacer.

Y así me casé con ella, y hasta agora no estoy arrepentido; porque, allende de ser buena hija y diligente, servicial, tengo en mi señor arcipreste todo favor y ayuda. Y siempre en el año le da en veces al pie de una carga de trigo, por las Pascuas su carne, y cuando el par de los bodigos, las calzas viejas que deja; e hízonos alquilar una casilla par de la suya. Los domingos y fiestas casi todas las comíamos en su casa. Mas malas lenguas, que nunca faltaron ni faltarán, no nos dejan vivir, diciendo no sé qué, y si sé qué, de que veen a mi mujer irle a hacer la cama y guisalle de comer. Y mejor les ayude Dios que ellos dicen la verdad.

Aunque en este tiempo siempre he tenido alguna sospechuela y habido algunas malas cenas por esperalla algunas noches hasta las laudes y aún más, y se me ha venido a la memoria lo que mi amo el ciego me dijo en Escalona estando asido del cuerno; aunque de verdad siempre pienso que el diablo me lo trae a la memoria por hacerme malcasado, y no le aprovecha.

Porque, allende de no ser ella mujer que se pague destas burlas, mi señor me ha prometido lo que pienso cumplirá. Que él me habló un día muy largo delante della, y me dijo:

"Lázaro de Tormes, quien ha de mirar a dichos de malas lenguas, nunca medrará. Digo esto porque no me maravillaría alguno, viendo entrar en mi casa a tu mujer y salir della. Ella entra muy a tu honra y suya, y

esto te lo prometo. Por tanto, no mires a lo que pueden decir, sino a lo que te toca, digo a tu provecho."

"Señor -le dije-, yo determiné de arrimarme a los buenos. Verdad es que algunos de mis amigos me han dicho algo deso, y aun, por más de tres veces me han certificado que, antes que comigo casase, había parido tres veces, hablando con reverencia de Vuestra Merced, porque está ella delante."

Entonces mi mujer echó juramentos sobre sí, que yo pensé la casa se hundiera con nosotros, y después tomóse a llorar y a echar maldiciones sobre quien comigo la había casado, en tal manera que quisiera ser muerto antes que se me hubiera soltado aquella palabra de la boca. Mas yo de un cabo y mi señor de otro, tanto le dijimos y otorgamos que cesó su llanto, con juramento que le hice de nunca más en mi vida mentalle nada de aquello, y que yo holgaba y había por bien de que ella entrase y saliese, de noche y de día, pues estaba bien seguro de su bondad. Y así quedamos todos tres bien conformes. Hasta el día de hoy, nunca nadie nos oyó sobre el caso; antes, cuando alguno siento que quiere decir algo della, le atajo y le digo:

"Mirá: si sois amigo, no me digáis cosa con que me pese, que no tengo por mi amigo al que me hace pesar;

mayormente si me quieren meter mal con mi mujer, que es la cosa del mundo que yo más quiero, y la amo más que a mí. Y me hace Dios con ella mil mercedes y más bien que yo merezco; que yo juraré sobre la hostia consagrada que es tan buena mujer como vive dentro de las puertas de Toledo. Quien otra cosa me dijere, yo me mataré con él."

Desta manera no me dicen nada, y yo tengo paz en mi casa.

Esto fue el mesmo año que nuestro victorioso Emperador en esta insigne ciudad de Toledo entró y tuvo en ella cortes, y se hicieron grandes regocijos, como Vuestra Merced habrá oído.

Pues en este tiempo estaba en mí prosperidad y en la cumbre de toda buena fortuna, de lo que de aquí adelante me sucediere avisaré a Vuestra Merced.

Fin de El Lazarillo de Tormes

P.231

- **nos corrieron(=nos hicieron correr)** : 도망쳐야 했다
- **pedradas** : 돌팔매질
- **renegar del trato** : 계약을 파기하다
- **No hay nadie que medre** : ～가 아니고는 삶이 번창하는 이가 없다

P.232

- **almonedas** : 경매, 대매출
- **padecen persecusiones por la justicia(=los condenados a vergüenza pública o azotes)** : 대중 앞에서 창피를 당하거나 매를 맞은 죄인
- **hablando en buen romance(=hablar con claridad y sin rodeos)** : 말을 빙빙 돌리지 않고 명확하게 말하다
- **arcipreste** : 수석사제

P.233

- **en el año(=dentro del año)** : 일년 내에
- **al pie de(=cerca de)** : ～가까이, 약
- **malas lenguas(=la gente chismosa y que malea las intencioues)** : 험구를 하는 사람
- **pagarse de(=contentarse)** : 기뻐하다, 만족하다
- **estar asido del cuerno** : 아내가 부정한 짓을 하는 것을 뜻하는 표현이다.
- **hablar largo(=hablar mucho)** : 말이 많다

P.234

- **arrimarse a los buenos** : 선한 사람들과 가까이 하다
- **otorgamos(=le dijimos y prometimos)** : 우리가 약속하는데, ～
- **mentar(=nombrar, mencionar)** : 언급하다

P.235

- **hostia :** 성체
- **matarse con(=combatirse con otro) :** 다른 사람과 서로 싸우다
- **hacer regocijo(=hacer júbilo) :** 크게 기뻐하다

▌역자 소개 ▌

박 철 (parkchul@hufs.ac.kr)

　서울 출생으로 한국외국어대학교 스페인어과와 동대학원을 졸업하고, 스페인 마드리드 국립대학교에서 문학박사학위를 받았다. 박사논문 Testimonios literarios de la labor cultural de las misiones españolas en el Extremo Oriente은 1986년 스페인에서 출판되었고, 국문판으로는 이듬해 서강대 출판부에서『한국 방문최초서구인 세스뻬데스』라는 제목으로 출간되었다. 1983년 스페인 문화훈장〈기사장〉을 받았다.

　1985년 한국외국어대학교 조교수로 시작하여 학과장, 홍보실장, 연구처장, 외국문학연구소 소장 등을 역임하였으며, 저서로는『서반아문학사』(상 · 중 · 하권),『고등학교 스페인어 I · II』,『독학스페인어 첫걸음 1 · 2』등이 있으며, 역서로는 세르반테스의『모범소설 I · II』(집시여인, 질투심 많은 늙은이, 말괄량이 아가씨, 세비야의 건달들, 남장을 한 두 명의 처녀, 사기 결혼 등), 우나무노의『착한 성인 마누엘』, 까밀로 호세 셀라의『빠스꾸알 두아르떼의 가족』,『한국천주교 전래의 기원』등이 있다.

　현재 한국서어서문학회 회장으로 있으며, 그 외에도 세계세르반테스학회, 스페인황금세기학회, 미국세르반테스학회, 스페인외국어교육학회(ASELE), 스페인태평양학회 회원으로 활동하며, 한국외국어교육학회 자문위원, 세계비교문학회 이사로 있다. 2000~2001년 미국 하바드대학교 로망스학부 초빙교수로 다녀온 바 있다.

　현재 한국외국어대학교 총장으로 재임중에 있다.

(홈페이지 : www.parkchul.pe.kr)

편역자 **박 철(朴 哲)**

학력 및 경력

경동 중·고등학교 졸업
한국외국어대학교 스페인어과 및 동 대학원 졸업
스페인 마드리드국립대학교 문학박사
미국 하버드대학교 로망스어학부 방문교수
한·스페인우호협회 회장
한국외국어대학교 제8대 총장
스페인 왕립한림원 종신회원
한국대학교육협의회 부회장
한국사립대학총장협의회 회장
한국외국어대학교 제9대 총장(현)

저서 및 역서

한국 천주교 전래의 기원(서강대학교 출판부)
착한 성인 마누엘(한국외국어대학교 출판부)
세르반테스 모범소설(시공사)
돈키호테(시공사)
돈키호테를 꿈꿔라(시공사) 외 다수

포상

스페인정부 문화훈장「기사장」(Orden de Caballero)
한국 협상 대상
대한민국 창조경영인 대상
스페인 카를로스3세 십자기사훈장
스페인정부 이사벨여왕훈장(Encomienda de Isabel la Católica) 외 다수

악동 라사로의 모험 (서한대역 시리즈 4)

2010년 4월 30일 개정판 1쇄 발행
2013년 1월 30일 개정판 2쇄 발행

편저자 박 철
펴낸이 정정례
펴낸곳 삼영서관
디자인 디자인클립

주소 서울 동대문구 답십리동 469-9 1F
전화 02) 2242-3668 팩스 02) 2242-3669
홈페이지 www.sysk.kr
이메일 syskbooks@naver.com
등록일 1978년 9월 18일
등록번호 제1-261호

ISBN 978-89-7318-335-7 03770

책값 10,000원

※ 파본은 교환하여 드립니다.